METAVERSO EDUCACIONAL de Bolso

Conceitos, reflexões e possíveis impactos na Educação

Francisco Tupy e Helena Poças Leitão

1ª Edição | 2022

© Arco 43 Editora LTDA. 2022
Todos os direitos reservados
Texto © Francisco Tupy e Helena Poças Leitão

Presidente: Aurea Regina Costa
Diretor Geral: Vicente Tortamano Avanso
Diretor Administrativo
Financeiro: Dilson Zanatta
Diretor Comercial: Bernardo Musumeci
Diretor Editorial: Felipe Poletti
Gerente de Marketing
e Inteligência de Mercado: Helena Poças Leitão
Gerente de PCP
e Logística: Nemezio Genova Filho
Supervisor de CPE: Roseli Said
Coordenadora de Marketing: Livia Garcia
Analista de Marketing: Miki Tanaka

Realização

Direção Editorial: Helena Poças Leitão
Texto: Francisco Tupy e Helena Poças Leitão
Revisão: Texto Escrito
Direção de Arte: Miki Tanaka
Projeto Gráfico e Diagramação: Miki Tanaka
Capa: Priscila Zanari
Coordenação Editorial: Livia Garcia

```
Dados Internacionais de Catalogação na Publicação (CIP)
           (Câmara Brasileira do Livro, SP, Brasil)

    Leitão, Helena Poças
       Metaverso educacional de bolso : conceitos,
    reflexões e possíveis impactos na educação / Helena
    Poças Leitão e Francisco Tupy. -- 1. ed. --
    São Paulo, SP : Arco 43 Editora, 2022. — (De bolso)

       Bibliografia.
       ISBN 978-65-86987-45-4

       1. Ambientes virtuais compartilhados
    2. Comunidades virtuais 3. Aprendizagem 4. Educação -
    Finalidade e objetivos 5. Tecnologia educacional
    I. Tupy, Francisco. II. Título. III. Série.

22-125904                                      CDD-371.334
```

Índices para catálogo sistemático:

1. Metaverso : Tecnologias : Educação   371.334

Eliete Marques da Silva - Bibliotecária - CRB-8/9380

1ª edição / 1ª impressão, 2022
Impressão: Gráfica AR Fernandez

Rua Conselheiro Nébias, 887 – Sobreloja
São Paulo, SP – CEP: 01203-001
Fone: +55 11 3226 -0211
www.editoradobrasil.com.br

METAVERSO EDUCACIONAL de Bolso

Conceitos, reflexões e possíveis impactos na Educação

Francisco Tupy e Helena Poças Leitão

Francisco Tupy Gomes Corrêa

Francisco Tupy Gomes Corrêa é mestre e doutor, pesquisador de convergência da aplicação de *videogames* na Educação e Comunicação pela Escola de Comunicação e Artes da Universidade de São Paulo (ECA-USP). Também bacharel e licenciado em Geografia pela Faculdade de Filosofia, Ciências e Letras (FFLCH-USP), tem, ainda, formação em Ensino e Aprendizagem pela Krishnamurti Foundation of America/UCSB (Califórnia, Estados Unidos).

Professor e palestrante em vários países, destacam-se suas falas nos Ministérios de Educação da Nicarágua e dos Emirados Árabes. É embaixador do Projeto Educacional de Kakuma (vila de refugiados no Quênia).

É autor do livro Gamificação Escolar de Bolso.

Game designer, assina uma série de projetos relacionados a jogos e a *gamificações*; é o criador do *kit* de desenvolvimento de jogos.

Responsável pedagógico pelo projeto #HistoryBlocks, da Organização das Nações Unidas para a Educação, a Ciência e a Cultura (Unesco) e Agência África, que utiliza o *Minecraft*, e está presente em mais de 100 países. Em 2018, foi indicado à Medalha Darcy Ribeiro.

É bicampeão do evento E2 *Educator Exchange* (Seattle, EUA, 2015), categoria *pitching* de plano de aula, e Budapeste (2016), categoria palestra interativa.

Além disso, pratica artes marciais, anda de skate e lê quadrinhos.

Helena Poças Leitão

Helena Poças Leitão atua no mercado educacional há mais de vinte anos.

É fundadora da *startup* Sua Escola Ideal, maior buscador de escolas da educação básica do país, e da Ideal Consultoria & Marketing.

Foi indicada ao Prêmio *Globant Awards – Women That Build 2022 Edition*, na categoria "*Tech Entrepreneur*: mulheres inovadoras e disruptivas que fundaram uma *startup* de base tecnológica".

Colunista do blog da revista Educação e autora do livro *Marketing Escolar de Bolso*, também é palestrante nas áreas de Educação, Inovação e *Marketing*.

Graduada em jornalismo pela Faculdade Anhembi Morumbi (SP); pós-graduada em Gestão de Negócios com Ênfase em *Marketing*, pela Escola Superior de Propaganda e Marketing de São Paulo (ESPM - SP).

Foi gestora de *marketing* nas editoras Gente, Ática, Scipione, Saraiva, Leya e Instituto Brasileiro de Edições Pedagógicas (Ibep) e atualmente é gerente de *marketing* e inteligência de mercado na Editora do Brasil.

Sumário

INTRODUÇÃO 13

1 O QUE É O METAVERSO? 17

   1.1   Compreendendo a palavra metaverso 17

   1.2   A relação entre metaverso e Meta 24

   1.3   O que o metaverso permite 26

   1.4   Como podemos compreender o metaverso 28

2 PRESENTE, PASSADO E FUTURO: A INÉRCIA DO DESENVOLVIMENTO TECNOLÓGICO ATÉ O METAVERSO 33

   2.1   O caminho que o metaverso está percorrendo 41

   2.2   O contexto tecnológico do qual o metaverso faz parte 44

   2.3   A tendência de expansão do metaverso 50

3 GESTÃO ESCOLAR: O QUE MUDA COM O METAVERSO? 51

   3.1   Metaverso na educação e a realidade brasileira 53

   3.2   Estudantes da geração Z 54

   3.3   A escola dentro do metaverso 56

   3.4   Como acessar o metaverso? 59

        3.4.1 Internet 60

        3.4.2 Plataformas e aplicativos 61

        3.4.3 Avatares 66

        3.4.4 Óculos de realidade virtual 67

   3.5   Captação de estudantes e campanha de matrículas 69

   3.6   Ensino híbrido 70

3.7	Livros escolares	71
3.8	Formação do corpo docente	72
3.9	O futuro da propaganda e do *marketing*	*73*
	3.9.1 Influenciadores digitais	73
	3.9.2 Anúncios	76
	3.9.3 Redes sociais	77
	3.9.4 Site institucional	78
	3.9.5 Metaverso como ferramenta de pesquisa	78

4 APLICAÇÕES PEDAGÓGICAS... 81

4.1	O metaverso e a relação com ensino-aprendizagem	81
4.2	Forma e função: interação com o conteúdo	84
4.3	Criando uma aula com o tema metaverso	87
4.4	As profissões do futuro e o metaverso	95

5 REFERÊNCIAS PARA ENTENDER MELHOR O METAVERSO 99

5.1	Livros	99
5.2	Séries e filmes	100
5.3	Artigos e matérias	101
5.4	Vídeos	102

CONCLUSÃO: PONTOS PARA REFLEXÃO............................. 105

GLOSSÁRIO 109

REFERÊNCIAS BIBLIOGRÁFICAS 113

INTRODUÇÃO

O que é real? Como o real pode ser definido? Se você está falando sobre o que pode sentir, cheirar, saborear e ver, o real é simplesmente a composição de sinais elétricos interpretados pelo cérebro. É o que afirma o personagem Morpheus, interpretado por Lawrence Fishburne no filme *Matrix*[1].

Pensando sobre o que é ou não real, vamos falar em metaverso. Essa palavrinha nova começou a ser usada recentemente. Em linhas gerais, trata-se de um ambiente virtual no qual podemos interagir com outras pessoas, obter informações, produtos e serviços. O termo surge nos anos 1990, oriundo da ficção científica. Mais tarde, ele se converte num gênero, usado para classificar um tipo de jogo. Mais recentemente, vem como prenúncio que aponta para uma grande transformação.

Nosso objetivo aqui é introduzir o assunto, oferecer uma base para lidar com as tendências e tirar proveito delas, principalmente no ambiente escolar (seja em relação ao ensino e aprendizagem, seja em relação a questões de *benchmark*, posicionamento estratégico do ponto de vista do *marketing* da instituição). Temos aqui uma aplicação tecnológica que, por mais que não seja compreendida na totalidade, impactará (e já impacta) a humanidade de modo que nenhuma tecnologia foi capaz de fazer. Podemos afirmar que o metaverso e o ecossistema de

---

[1] MATRIX. Direção de Lana Wachowski e Lilly Wachowski. Austrália; EUA: Silver Pictures, Dark Castle Entertainment, 1999 (136 min.).

tecnologias que garantem sua existência dentro do contexto da Web3 podem representar uma evolução e ter um impacto maior do que foi o surgimento e a popularização da internet.

Assim, é necessário ter uma compreensão geral do metaverso, para que possamos nos situar e interagir usando essa nova tendência. Desenvolvendo a capacidade de reflexão e de adaptação, adquirimos poder de decisão e evitamos ser ludibriados por modismos vazios.

Se falamos em reflexão e adaptação, devemos pensar em educação. Quais serão os desdobramentos do metaverso nesse campo? Como será o impacto?

Imagine como o metaverso irá afetar questões como: o ensino, a aprendizagem, a percepção da realidade, o espaço escolar, a interação com as temáticas de sala de aula, a produção de conteúdo para esse tipo de mídia, a gestão escolar, os antigos e os novos problemas que se colocarão frente a essa nova forma de interação social, por exemplo. Por isso, a ideia aqui é antecipar tais questões, para que possamos refletir e ter um suporte para lidar com nosso contexto educacional da melhor forma possível.

Dessa maneira, procuramos distribuir os capítulos de forma a orientar a construção da compreensão do metaverso, conforme segue.

- **Capítulo 1 – Metaverso: origem, conceitos e tendências.** Nesse capítulo, introduzimos o tema, trazendo o histórico, a relação com outras tecnologias e o que poderemos esperar.

- **Capítulo 2 – A evolução tecnológica até o metaverso.** Abordamos aqui o desenvolvimento de tecnologias e práticas ao longo da história da humanidade. Buscamos mostrar uma inércia evolutiva ou evolução no processo tecnológico midiático e o suporte de informação e entretenimento que resultaram no metaverso.

- **Capítulo 3 – Gestão escolar: o que muda com o metaverso?** Abordaremos como as escolas deverão se atualizar para manter seu negócio vivo. Falamos sobre tudo o que as escolas precisam para entrar no metaverso e colocamos algumas reflexões sobre o que podemos aguardar no futuro. E ainda, *cases* e dicas de como utilizar o metaverso nas estratégias de *marketing*.

- **Capítulo 4 – Aplicações pedagógicas.** Nesse capítulo, abordamos a temática inserida no conceito escolar; analisamos as razões e as possibilidades de ensino; avaliamos quando e como utilizar. Também sugerimos a utilização do tema em sala de aula, de forma que, mediante exemplos transdisciplinares e de forma prática, possa ser adaptado e aplicado às realidades distintas de cada escola.

- **Capítulo 5 – Referências para entender melhor o metaverso.** O capítulo traz as referências utilizadas e outras, para conhecer e entender melhor o que é o metaverso. Além da bibliografia, trazemos obras audiovisuais para ampliar o repertório cultural para essa compreensão.

- **Capítulo 6 – Pontos para reflexão.** Apresentamos ideias a serem consideradas em relação aos focos de atenção, que vão além da questão tecnológica, abordadas sob ponto de vista crítico.

- **Capítulo 7 – Glossário.** Entenda os principais verbetes que porventura precisem de esclarecimento.

1 O QUE É O METAVERSO?

Um discurso com força mágica: será que hoje em dia as pessoas acreditam nesse tipo de coisa? Arriscamos dizer que não, exceto no metaverso, onde a magia é possível.

O metaverso é uma estrutura fictícia feita de código. E o código é apenas uma forma de "fala" – a forma que os computadores entendem. **Neal Stephenson**, autor de *Snow Crash*[2], foi o primeiro a usar o termo metaverso.

1.1 Compreendendo a palavra metaverso

Uma forma inicial de entender o metaverso é buscar a explicação formal para a compreensão da palavra. De acordo com o dicionário[3], trata-se de substantivo usado em tecnologia digital:

> 1. (na ficção científica) uma simulação de computador compartilhada, realista e imersiva do mundo real ou outros mundos possíveis, em que as pessoas participam como avatares digitais.
> 2. um espaço *online* em rede teórico ou emergente com ambientes digitalmente persistentes que as pessoas habitam,

---

[2] STEPHENSON, Neal. **Snow Crash**. São Paulo: Aleph, 2015.

[3] METAVERSE. *In*: **Dictionary.com**. Disponível em: https://www.dictionary.com/browse/metaverse. Acesso em: 15 ago. 2022.

> como avatares, para interações e experiên-
> cias síncronas, acessando o espaço virtual
> compartilhado por meio de realidade vir-
> tual, realidade aumentada, consoles de
> jogos, dispositivos móveis ou computado-
> res convencionais.

Com base nessa definição, podemos entender o metaverso como um ambiente que nos permite interagir de várias maneiras, conforme segue.

- Navegando pelos espaços propostos, sejam eles 100% virtuais ou com elementos virtuais que se sobrepõem à realidade;

- por meio das informações apresentadas, valendo-se da função exclusiva do metaverso, que incide sobre a maneira pela qual o conteúdo será veiculado;

- socialmente, indo desde encontros casuais até reuniões profissionais, aulas e eventos, por exemplo;

- economicamente, oferecendo ou adquirindo produtos e serviços.

Há de se ressaltar que, devido à liberdade interativa e ao grau de autonomia que o sistema permite, podem surgir variações de uso, em função do modo pelo qual a/o usuária/o interage. Na definição apresentada, temos uma palavra que merece nossa atenção: persistente.

No caso da computação, essa terminologia se refere a dados salvos e, por isso, constantes. Por exemplo: antigamente, toda vez que você iniciava uma partida em um *videogame* qualquer, partia do zero. Porém, com o tempo, surgiram os cartões de memória, com a possibilidade de recomeçarmos a jogar exatamente do ponto em que havíamos parado. Isso também acontece quando entramos em um jogo e os *rankings*, os progressos, os itens e as informações relevantes estão lá, armazenados. É uma forma de visualizarmos a persistência dos dados.

A proposta do metaverso é que o ambiente persista, ou seja, o que você faz *online* se manterá e estará em constante alteração, devido à participação de todos os atores que interagem, de acordo com o regulamento vigente. Assim, teremos uma situação que pode tanto seguir paralela à realidade, como também ter pontos de interseção com a realidade. Isso significa que as ações que ocorrem na realidade afetam a virtualidade e, de outro lado, as ações que ocorrem virtualmente afetam a realidade.

Na origem da palavra, que vem do grego, o prefixo meta (μετα) significa o que vem depois; no caso específico, *transcendente*. Já o sufixo verso está associado à palavra *universo*, que seria a junção de *oinos* (unidade) e versus (aquilo que gira). Logo, metaverso é um neologismo, que pode ser entendido como a evolução do universo, o que vem depois do que seria o universo.

Porém, não podemos descartar o uso do sufixo *meta* tal como é utilizado em termos como metalinguagem e metanarrativa, por exemplo. Nesse sentido, trata-se de uma estrutura voltada para si mesma, uma autorreferência.

A palavra metaverso, surge a primeira vez em 1992 no livro *Snow Crash* (STEPHENSON, 2015). Ele se enquadra no gênero de ficção científica, mais especificamente *cyberpunk*. A história se desenrola com o protagonista, Hiro Protagonist, um entregador de pizzas na realidade, mas que, no mundo virtual (metaverso), é um samurai *hacker*. Prosseguindo, um vírus se instala no cérebro humano, tal qual um meme (ideia baseada no livro *O gene egoísta*, de Richard Dawkins[4], que traz o conceito de memes). O referido vírus pode destruir o mundo virtual e o real.

A definição de metaverso no livro *Snow Crash* (STEPHENSON, 2015, p. 32) é:

> Então Hiro na verdade não está ali. Ele está em um universo gerado por computador que seu computador está desenhando em seus óculos e bombeando para dentro de seus fones de ouvido. Na gíria, esse lugar imaginário é conhecido como o metaverso. Hiro passa um bocado de tempo no metaverso.

Stephenson (2015), chamado *hacker Hemingway* pela revista *Newsweek*, é bacharel em Geografia e especializado em Física, reconhecido como escritor de ficção especulativa, ficção histórica, contos e ensaios. Escreveu livros como *Cryptonomicon*; *Seveneves*; *The Confusion*; *Anathem*; dentre outros.

---

4   DAWKINS, Richard. **O gene egoísta**. Tradução: Rejane Rubino. São Paulo: Companhia das Letras, 2007.

O termo, nos últimos anos, passou a ser utilizado para classificação de títulos de jogos, definindo um certo tipo de gênero (por exemplo: *Minecraft*, *World of Warcraft*, *Roblox*, *FortNite*, *The Sims*, GTA) e mundos 3D (como *VR Chat*, *Alt Spce Vr*, *Gather*, e o precursor, *Second Life*).

Como podemos ver em uma entrevista dada por Philip Rosedale para *USA Today*[5], em 2007, há uma relação entre a terminologia metaverso e o Second Life, conforme os trechos seguintes.

> Na mesma época, o clássico de ficção científica de Neal Stephenson, Snow Crash, varreu a comunidade de tecnologia. O romance se passa em dois mundos: o mundo real e o espaço *online* global e altamente realista chamado metaverso. A esposa de Rosedale comprou o livro para ele e ele ficou inspirado. [...] Concluí que o metaverso iria acontecer, mas ainda não, não na época, diz ele. A Internet não era robusta o suficiente, as conexões ainda eram principalmente dial-up e os PCs não tinham gráficos 3D sofisticados. [...] Disse a amigos que trabalharia em outra coisa e esperaria. [...] Ele sabe que os grandes jogadores virão atrás dele. [...] O que acontece depois disso determinará se Rosedale acabará se tornando uma questão de mera curiosidade tecnológica ou o construtor do metaverso.

---

5   ENTREVISTA Philip Rosedale. **Usa Today**, 2007. Disponível em: https://usatoday30. usatoday.com/printedition/money/20070205/secondlife_cover.art.htm. Acesso em: 15 ago. 2022.

Outro exemplo da palavra metaverso, antes do momento disparador daquilo que vivemos hoje, é a carta do *card game* colecionável e anime Yu-Gi Oh, lançada em 2017.

Figura 1 – *Card* de anime

Fonte: Metaverse in in Yu-Gi-Oh Fandom[6].

Termos como *The Sandbox* e mundo aberto são associados ao contexto. Aliás, podem ser confundidos, mas, em linhas gerais, são espaços nos quais a pessoa que joga interage livremente sem ter limitações no cenário. Esse tipo de jogabilidade, em relação a outros jogos, possuiu algumas particularidades das quais destacamos:

a) a quantidade de ações (verbos) que o usuário pode executar;

---

6   METAVERSE. *In*: Wiki. Disponível em: https://yugioh.fandom.com/wiki/Metaverse. Acesso em: 15 ago. 2022.

b) a narrativa emergente (DUBIELA; BATTAIOLA, 2007) - diferente da narrativa embutida presente na roteirização. É quando o sistema (geralmente jogos) apresenta uma proposta de ação linear -, permite a liberdade do usuário e, com ela, situações que não foram previstas surgem de acordo com o agenciamento do usuário;

c) a literatura ergódica (AAERSETH, 1997), diferentemente da leitura tradicional, que, para avançar no texto, lê palavra por palavra, é baseada na interação do usuário e nas habilidades que permitem experiências individualizadas. Nesse caso, a forma com a qual se interage e os percursos escolhidos incidem na experiência em relação à informação.

Para trazer à prática exemplos das situações dadas no parágrafo anterior, vamos pensar em um jogo de plataforma, como *Super Mário World* ou *Sonic*. Nesses exemplos, os personagens andam pelo cenário com a rolagem lateral, na maioria dos casos indo da direita para esquerda. Logo, o número de ações que o personagem pode fazer é reduzido, ou seja, caso listássemos a quantidade de ações ou os verbos, temos algo como: andar, correr, pular, pegar item e acertar os inimigos. Ainda que nos atentássemos e fizéssemos uma lista, não iríamos muito além das possibilidades, em função daquilo que é permitido.

Contudo, temos os jogos que se enquadram no padrão do metaverso / *sand box* / mundo aberto, nos quais a lista de ações cresce exponencialmente, pois, embora haja objetivos definidos, também existe a navegação não controlada. Dessa maneira, essas ações também podem se aproximar de uma liberdade interativa, elevando as resultantes que os jogadores conseguem alcançar no cruzamento da liberdade de trânsito do território virtual, das escolhas que podem ser feitas (e a combinação dessas escolhas).

A falta de fronteiras espaciais e de escolhas traduz-se em encontrar não apenas estratégias individualizadas ao máximo que a criatividade concebe. É possível originar outras formas de usar o jogo e, inclusive, extrapolar a própria jogabilidade, por exemplo: companhias agendarem com seus colaboradores reuniões de trabalho; organizações de passeatas e manifestações em prol de causas que os jogadores queiram expressar; utilizar o ambiente 3D de navegação e a possibilidade de customização de cenários para dar aulas; músicos fazerem shows etc. O fato é que esse tipo de mídia permite uma forma de interação criativa, que, ao ser ofertada aos usuários, pode ter resultantes diferentes do que foi idealizado pelos criadores.

1.2   A relação entre metaverso e Meta

Um marco na questão do metaverso foi o surgimento da empresa Meta. Trata-se do novo nome do grupo responsável por aplicativos como *Facebook*, *WhatsApp*, *Instagram*, *Oculos*, dentre outros.

O QUE É O METAVERSO?

No dia 28 de outubro de 2021, Mark Zuckerberg[7] anunciou que o conglomerado de empresas deixava de chamar *Facebook* para se transformar em Meta. O anúncio foi feito pelo próprio Zuckerberg, que, na ocasião[8], falou sobre a nova vocação dos serviços voltados ao metaverso. Nos vídeos de apresentação, é possível ver uma série de aplicações e *hardwares* com funções relacionadas à concepção de metaverso.

Vale ressaltar que, no momento do anúncio, o *Facebook*, enfrentava uma série de questionamentos e ações judiciais. A Casa Branca e a Suprema Corte dos Estados Unidos cobravam posicionamentos e atitudes em relação ao vazamento de dados de usuários, questões de desinformação e antitruste (monopólio de mercado), dentre outros processos, inclusive trazendo depoimentos de ex-colaboradores da empresa.

O *site* oficial da empresa[9] apresenta a seguinte definição sobre as ações da Meta em relação metaverso: "O metaverso é a próxima evolução da conexão social. A visão da nossa empresa é ajudar a dar vida ao metaverso, por isso estamos mudando nosso nome para refletir nosso compromisso com esse futuro." No mesmo *site*, Mark Zuckerberg apresenta em vídeo o que é a Meta. Com uma série representações gráficas, elucida quais são os planos para o metaverso. O vídeo conta com os seguintes tópicos (além da introdução):

---

7 Programador e empresário norte-americano e um dos fundadores do *Facebook*.

8 SORRENTINO, Eduardo. Facebook agora é Meta: Mark Zuckerberg anuncia novo nome da empresa. **Olhar Digital**, 28 out. 2021. Disponível em: https://olhardigital.com.br/2021/10/28/videos/facebook-agora-e-meta-mark-zuckerberg-anuncia-novo-nome-da-empresa/. Acesso em: 16 ago. 2022.

9 FACEBOOK. Disponível em: https://olhardigital.com.br/2021/10/28/videos/facebook-agora-e-meta-mark-zuckerberg-anuncia-novo-nome-da-empresa/. Acesso em: 16 ago. 2022.

- conexões sociais;
- entretenimento;
- jogabilidade;
- exercícios;
- melhorar o modo de trabalhar;
- educação;
- comércio;
- responsabilidade;
- os próximos dispositivos relacionados à tecnologia;
- aquilo que está por vir.

1.3 O que o metaverso permite

Do ponto de vista operacional, podemos associar o metaverso à resultante de uma série de práticas tecnológicas, tais como: forma de interagir com a informação, realidade aumentada, realidade virtual, holograma e *games*. Compreender o metaverso é muito mais que as possibilidades associadas a mundos virtuais; trata-se de todo um ecossistema tecnológico que vai além da imersão nesse tipo de ambiente. Existe uma série de funções que necessitam coexistir para que esses mundos virtuais existam, desde uma Internet que possa suportar, até registros que garantam a persistência, a legalidade e a credibilidade dos dados.

No contexto educacional, vemos uma série de questões que podem ser abordadas: o tema em si, o uso da plataforma e as habilidades relacionadas ao meio de aprendizagem, por exemplo, que são formas práticas de entender que o metaverso permite interagir com a informação. Estamos falando de uma mídia, um meio de comunicação que é uma convergência de outros meios de comunicação anteriores. Uma analogia possível é ver como o cinema se valeu da fotografia, das artes cênicas e da música, por exemplo. As maneiras de interação com os dados serão ampliadas; afinal, há muitas coisas que podemos fazer em uma plataforma imersiva (ler, interagir, sentir, assistir, jogar, customizar, combinar, dentre tantas outras ações possíveis). Logo, o metaverso é uma forma de interagir com a informação, relacionada diretamente às representações da realidade ou à realidade propriamente dita.

A princípio, temos uma concepção de uso e exploração. Porém, uma tecnologia emergente está sempre sujeita a uma série de transformações; inclusive novos usos podem surgir dos próprios usuários, que encontrarão formas de se apropriar e se valer do que é oferecido.

Dentro dessa complexidade, vale muito mais entendermos onde estamos e para onde caminhamos, do que apenas seguir qualquer receita de uso. Por essa razão, iremos focar em compreender os conceitos, como chegaram até aqui e do que trata a base conceitual, para tentarmos contribuir para compreensão do que ocorre hoje, avaliando se o que é proposto como tendência não é apenas modismo. Dessa maneira, pretendemos levar a uma reflexão, a fim de que as pessoas possam se posicionar assertivamente em relação às mudanças e aos impactos reais em suas vidas, muitos dos quais não foram previstos.

1.4 Como podemos compreender o metaverso

O conceito de metaverso é muito recente. Trata-se de um neologismo dentro do contexto tecnológico, que é, por natureza, dinâmico. A compreensão do seu significado não é homogênea; é possível haver múltiplas formas de entendimento, tanto agora como à medida que o tempo passa. Isso significa que o uso, o desenvolvimento e a popularização irão impactar diretamente na compreensão, que será constantemente atualizada, assim como a tecnologia. Por isso, o próprio conhecimento envolve saber onde estamos, o que está acontecendo e para onde estamos indo. Atualmente, podemos afirmar sobre o termo metaverso:

a) que é uma mídia, ou seja, um meio de comunicação que permite a interação com a informação, mediando elementos entre o mundo real e mundos virtuais. A relação que se estabelece entre o real e o virtual, foi chamada de "continuum da realidade e da virtualidade", cunhado pelo professor Paul Milgram[10]. O conceito propõe que as diversas possibilidades na mediação da realidade de forma tecnológica, da realidade aumentada até a realidade virtual, estão dentro do termo realidade mista.

---

10 Professor emérito da Universidade de Toronto na área de Engenharia Industrial e participante do grupo de pesquisa Ergonomia em Teleoperação e Controle.

Figura 2 – Contínuo da realidade-virtualidade

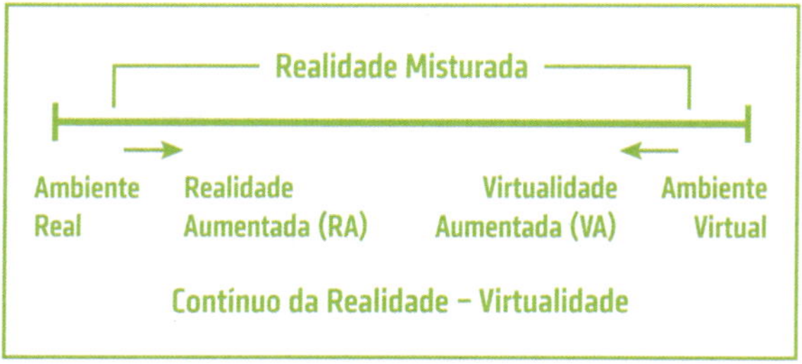

Fonte: adaptado de Milgram *et al* (1994).

b) Que as aplicações em relação ao metaverso usualmente são associadas a universos 3D, mas o contexto do metaverso também se estende à realidade aumentada, a gêmeos digitais e a sistemas hápticos (táteis).

A busca por uma boa definição pode ser o primeiro passo para o entendimento. Contudo, devemos manter o contínuo processo de reflexão, inclusive pesquisando sobre profissionais que apresentam uma postura crítica. Assim, evitamos grande empolgação com o que mal conhecemos e não nos permitimos ser usados pela tecnologia, mas sim, tirar dela o melhor proveito possível.

O professor da Escola de Comunicação e Artes da Universidade de São Paulo (ECA/USP), Luli Radfahrer, por exemplo, apresentou divergências em relação ao metaverso em duas circunstâncias distintas. A primeira, em uma postagem no Twitter, aqui reproduzida.

Figura 3 – Reprodução de mensagem no Twitter

> **Luli Radfahrer** 🇧🇷🇺🇦
> @radfahrer
>
> Curto e direto ao ponto: a não ser para a indústria de videogames, METAVERSO É BULLSHIT. Simples assim. Pare de perder tempo com essa versão metida a besta do SecondLife e se concetre no que importa, como UX. Ou depois não diga que eu não avisei. #metaverso #videogames #ux
>
> Translate Tweet
>
> 1:40 PM · Feb 23, 2022 · Twitter Web App

Fonte: Twitter, 2022[11].

A segunda vez que se manifestou a respeito foi na coluna Datacracia, da Rádio USP[12]. Ao ser entrevistado pelo jornalista Mario Santi, Radfahrer afirmou que tal tecnologia funciona bem para ambientes de simulação e *games* estilo RPG. Além disso, disse que não há uma justificativa que legitime a existência de uma tecnologia como essa, principalmente com relação às redes sociais, já que existem tecnologias fáceis e assimiladas pelos usuários.

---

11 TWITTER. Disponível em: https://twitter.com/radfahrer/status/1496525416080814081?s=20&t=QG-SyeaHI9oFjUdu8wk4DA. Acesso em: 16 ago. 2022.

12 METAVERSO não será um novo Facebook, afirma Luli Radfahrer. **Jornal da USP**, 26 nov. 2011. Disponível em: https://jornal.usp.br/radio-usp/metaverso-nao-sera-um-novo-facebook-afirma-luli-radfahrer/. Acesso em: 23 ago. 2022.

Aqui, temos um ponto de reflexão importante sobre o *user experience* (UX[13]) ou "experiência do usuário", que é a forma como as pessoas interagem com um produto ou serviço, seja no ambiente *online*, seja no mundo físico. Uma coisa é o usuário ter uma boa experiência ao se tratar de *videogame*s dentro do metaverso; outra, é conseguirmos alcançar a mesma experiência de viver no metaverso como vivemos no mundo físico. Será mesmo possível?

---

13 USER EXPERIENCE. *In*: **Cambridge Dictionary**. Disponível em: https://dictionary.cambridge.org/pt/dicionario/ingles-portugues/user-experience?q=UX. Acesso em: 16 ago. 2022.

2 PRESENTE, PASSADO E FUTURO: A INÉRCIA DO DESENVOLVIMENTO TECNOLÓGICO ATÉ O METAVERSO

> "O meio é a mensagem"
> (Marshall McLuhan[14]).

O conceito metaverso não é algo novo. Ele é resultante de um processo evolutivo, uma consequência direta de interagir com a informação. Na medida em que o ser humano evoluiu, a tecnologia também se transforma e a forma de lidar com a informação foi agregando novos suportes.

Para facilitar esse entendimento, criamos tópicos que se desenrolam no tempo, trazendo exemplos que vão desde a visualização de informações até a tecnologia, passando pelo entretenimento associado aos *games*. Procuramos expor a convergência de campos aparentemente distintos, que resultou no que temos hoje.

- ◆ 15000 a.C. - Pintura nas cavernas.
- ◆ 2500 a.C. - Escultura nas paredes (antigo Egito).

---

14 Filósofo e teórico da comunicação canadense.

- 900 a.C. - Carae (tablete de cera), período clássico grego.
- 80 a.C. - Segundo estilo do afresco romano, conhecido como estilo de Pompeia (reproduzia um estilo de pintura com elementos arquitetônicos, criando truque de olho - *trompe-l'œil* -, gerando uma ilusão ótica.
- 1000 - Pintura, Idade Medieval.
- 1584 - *Magia Naturalis* - Giambattista della Porta publica livro sobre uma sala com vidros e espelhos que refletiam objetos, projetando-os onde não estavam, tal qual uma ilusão.
- 1787 - Panorama de Barker, um tipo de pintura que representava uma visão 360º, permitindo a experiência de ver remotamente um local distante em uma espécie de edificação própria de madeira.
- Século 18 - Consolidação da prática da fantasmagoria, embora existam registros desde o século 16. Consistia em projeções de imagens em movimento com o objetivo de aterrorizar a audiência (muitas vezes utilizadas por charlatões para mostrar supostos espíritos). Ao longo do tempo, as técnicas foram se aprimorando. Em 1645, o jesuíta polímata Athanasius Kircher inventou o epidiascópio (mais conhecido por lanterna mágica, precursor dos projetores). O aparato não era visto pelo público, da mesma forma como o local que recebia a projeção (por exemplo: fumaça ou telas translucidas), fazendo com que a imagem aparecesse, sem que a audiência percebesse.
- 1838 - Estereoscópio de Charles Wheatstone, aparelho composto por lentes que permitiam ver fotos com profundidade.
- 1862 - Fantasma de Pepper - John Henry Pepper e Henry Dircks desenvolveram um mecanismo para sala de teatro, no qual projetavam objetos fantasmas flutuantes no palco. Os objetos reais

ficavam em outros cômodos (fora do palco) e apareciam em uma tela de vidro, colocada a 45%, imperceptível ao público, resultando no aparecimento de uma ilusão espectral.

- 1901 - *A chave mestra*[15], romance de L. Frank. Baum (mesmo autor de *O Mágico de Oz*[16]) é publicado. O autor tratava de um conceito de realidade aumentada, no qual óculos projetavam informações na lente entre o olho e o ambiente.
- 1927 - Philo Taylor Farnsworth realiza a primeira transmissão de imagem para televisão.
- 1929 - Simulador de voo de *Link Trainer*. Possuía formato de uma cabine de avião. Reproduzia com exatidão a relação entre comandos, resposta dos instrumentos de navegação e os movimentos da aeronave.
- 1939 – *Viewmaster*, de Willian Gruber - visualizador de imagens de forma estereoscópica, ou seja, um tipo de óculos que permitia ver imagens de 2D em 3D. Além disso, elas eram vistas por meio de um carretel e sequenciadas, fazendo, assim, uma animação.
- 1945 - Televisão estereoscópica, patente de Henry McCollum sobre um aparelho de TV estereoscópico. Um dispositivo individual (como óculos), que fazia as imagens de TV terem profundidade[17].
- 1947 - Surge o conceito de holograma, apresentado por Dennis Gabor, com experiências que tinham por objetivo de melhorar o telescópio eletrônico.

---

15 BAUM, L. Frank. **A chave mestra**. Recife: Novo Aeon, 2015.
16 BAUM, L. Frank. **O mágico de Oz**. São Paulo: Darkside, 2020.
17 STEINICKE, Frank. The Science and Fiction of the Ultimate Display. **Springer Link**, 23 out. 2016. Disponível em: https://link.springer.com/chapter/10.1007/978-3-319-43078-2_2. Acesso em: 23 ago. 2022.

- 1951 – *A Trilogia da Fundação*[18], obra de Isaac Asimov, faz referência a holograma na ficção científica.
- 1958 - *Head up display* - informações projetadas na tela dos aviões, de forma que os pilotos não precisam olhar para o painel para ler os instrumentos.
- 1962 - Sensorama - máquina multissensorial criada por Morten Helling, apelidada de "Teatro de experiência". Era uma cabine em que, ao passar um vídeo, se buscava estimular todos os sentidos. O vídeo era colorido e em 3 dimensões, com som estéreo e cadeira com motores, que promoviam movimentação e geradores de ventos e aromas.
- 1967 - Jogo de xadrez em holograma. Foi o primeiro produto que utilizou a tecnologia do holograma e que alcançou o grande público.
- 1968 - Espada de Dâmocles. Monitores acoplados em capacetes desenvolvidos pela força aérea dos Estados Unidos projetavam a informação na frente do olho.
- 1969 - Primeira projeção mapeada (quando a imagem é projetada em superfície em relevo) em atração da *Disneylândia*. Cinco estátuas recebiam animação e "cantavam".
- 1971 - Dennis Gabor ganha o Prêmio Nobel de Física por suas pesquisas com holograma.
- 1973 - *Maze War* foi o primeiro jogo em primeira pessoa (do ponto de vista do usuário). Era um labirinto no qual navegava-se por paredes em profundidade.

---

18   ASIMOV, Isaac. **Trilogia da fundação**. São Paulo: Aleph, 2021.

- 1975 – *Videoplace*, de Krueger. Tratava-se de um ambiente responsivo (ou seja, responde aos estímulos), com sensores, câmeras e projetores, de modo que o que ocorresse no ambiente, principalmente movimentos do corpo, era reproduzido com elementos gráficos na tela.
- 1976 – Projeção do primeiro filme holográfico (*Logan's Run*[19]).
- Anos 80 – No cinema, a realidade aumentada começa a ser utilizada em filmes como *O exterminador do futuro*[20] e *Robocop*[21].
- 1983 – A *Mastercard* foi a primeira empresa a usar holografia por segurança.
- 1984 – A *National Geographic* foi a primeira publicação a utilizar o recurso de holograma (capa da revista em holograma).
- 1985 - Surge o termo *realidade virtual*, cunhado por Jaron Lanier.
- 1986 - Kazuo Yoshinaka, da *Nippon Eletric*, inventa o *display* virtual de retina, uma forma de projetar imagens diretamente na retina.
- 1991 – A *Disney* registra a patente de um aparato e de uma metodologia para projetar e interagir com objeto tridimensional.
- Final dos anos 80 e anos 90 - Acessórios para *videogame*, (1987 - *Sega scope* óculos 3D; 1991 - *Sega VR hype and flop*; 1991 - Jogos de fliperama com realidade virtual; 1995 - *Virtual boy*, acessório para o *game boy*. Além disso, a Nintendo lança a luva *power glove*).
- 1992 - Surge o termo realidade aumentada, cunhado em texto da *Boeing*, assinado por Thomas P. Caudell e David W. Mizell, durante o desenvolvimento do avião 747. Os profissionais envolvidos na

---

19 LOGAN'S RUN. Direção de Michael Anderson. EUA: Metro-Goldwyn-Mayer, 1976 (120 min.).

20 O EXTERMINADOR DO FUTURO. Direção de James Cameron. EUA: Orion Pictures, 1985 (107 min.).

21 ROBOCOP. Direção de Paul Verhoeven. EUA: Metro-Goldwyn-Mayer, 1987 (103 min.).

montagem perdiam tempo entre ler as instruções e colocá-las em prática. Dessa maneira, criaram uma tela na frente do olho com as instruções, ao mesmo tempo em que efetuavam o trabalho prático. A tecnologia em questão chamava-se *HUDset*, um tipo de visualização que permitia enxergar além da informação projetada, combinando o que era visto com a realidade. Além da projeção, havia sensores que permitiam a superposição do que estava sendo visto.

- 1994 – Surge o termo realidade misturada, criado por Paul Milgram e Fumio Kishio. Para eles, a virtualidade contínua é o que que vai desde a completa realidade até a completa virtualidade.
- 1994 – A *General Eletric* (GE) registra uma patente que permitia a junção de modelos digitais sobre maquetes.
- 1996 – Criação da Navicam, por Jun Rekioto, um tipo de câmera que permitia uma interação com a realidade aumentada; conforme a câmera passava pelo ambiente, trazia informações.
- 1996 - No *Massachusetts Institute of Technology* (MIT), o grupo de computação vestível começa a usar óculos digitais.
- 1997 – Criação do *touring machine*, dispositivo dotado de projeção na frente do olho, mochila e *laptop* para explorar o espaço real e associar informações 3D.
- 1999 – Criação da *I/O bulb*, uma lâmpada que permite interagir com espaço físico, projetando informações em tempo real e coletando informações do ambiente.
- 1999 – Lançamento do pacote de *softwares*, *total immersion d'fusion*, que permite criar realidade aumentada e virtual.

- 2001 a 2009 - Navegação *Web* com realidade aumentada. Surgimento de uma série de aplicações relacionadas à utilização da internet com a RA. Interação entre Internet, publicações e telefones celulares.
- 2009 – Lançamento, pela *Microsoft*, da *Kinect*, câmera que atua como sensor e que permite interagir com aplicativo ou jogar com os movimentos corporais.
- Década de 2010 – Em 2011 - O *Google* lança os seus *smart glass* (óculos inteligentes), nos quais as lentes transparentes têm informações projetadas; em 2014, o *Minecraft* é comprado pela *Microsoft* por 2,5 bilhões de dólares; em 2016, a *Microsoft* lança o *hololens* e a *Sony*, o *Playstation* VR; também em 2016, a LG lança o vídeo do conceito de *oled* (apresenta exemplos como: telas flexíveis, telas coláveis, centro de informações ubíquos que acompanham os usuários onde eles forem[22]). Ainda naquele ano, surge a versão educativa do *Minecraft*, o *Minecraft Education Edition*, e a empresa *Niantic* lança o jogo *Pokémon Go*.
- 2020 – O cantor Travis Scott realiza show no *Fortnite* para 14 milhões de usuários.
- 2021 - O Museu de Arte Moderna de São Paulo (MAM/SP) cria uma versão do *Minecraft Education Edition*, reproduzindo uma exposição e adaptando obras do seu acervo, propondo uma série de atividades lúdicas, de cunho educacional e *lives*, promovendo visitas educacionais.
- 2021 – A plataforma de jogos *Roblox* lança ações na Bolsa de Nova York e atinge o valor de 45 bilhões de dólares.

---

22 LG Global. LG OLED TV: your dream we display. YouTube, 2016. Disponível em: https://www.youtube.com/watch?v=VenG8TF90yA. Acesso em: 16 ago. 2022.

- 2021 - *Facebook* vira Meta, em anúncio feito por Mark Zuckerberg.
- 2021 – A *Unity*, plataforma para a criação de jogos (que também tem outras finalidades, como animação e realidade virtual) adquiri a *Weta*, empresa responsável por realizar efeitos especiais para filmes, principalmente criando mundos e seres fantásticos, inclusive ganhando prêmios Oscar.
- 2021 – A Nike adquiri a RTFK, empresa de inovação tecnológica na área de jogos, realidade aumentada/virtual, a NFT e bens entre o mundo digital e real.
- 2022 - *Microsoft* adquiri a *Blizzard Actvision*, por aproximadamente 70 milhões de dólares.

Ao observar os tópicos citados, algumas questões podem ser analisadas:

- a evolução na forma de registrar a informação;
- a relação com o lúdico e o entretenimento, uma forma de trazer sempre um espaço de sonho e imaginação;
- a possibilidade de otimização na forma como se lida com a informação, inclusive em questões profissionais;
- a tendência crescente (talvez irrefreável) em relação ao que define a realidade;
- a convergência de tecnologias em formas, ao mesmo tempo interativas, imersivas e, paradoxalmente, passivas;

Desde quando o que estamos convencionando chamar de metaverso começou a estar em uso, mesmo que embrionário, na humanidade? Em 2012, o professor Sérgio Bairon[23] já lançava questões em sala de aula como: "Qual a diferença entre a linha do tempo do *Facebook* e o *Second Life?*", estimulando o processo de reflexão entre as redes sociais e os mundos virtuais. Podemos estender a questão para circunstâncias do nosso cotidiano, tais como: o uso dos *softwares* de chamada a distância e suas máscaras digitais e os diálogos em espaços virtuais comunitários; a relação entre os *multi-user dungeons* (ambientes que datam desde a década de 70, nos quais a interação era feita por meio de textos); e os jogos de mundo aberto e livre exploração.

2.1 O caminho que o metaverso está percorrendo

Em relação ao presente e ao futuro, em termos práticos, podemos observar o *Ciclo de Hype*[24] (moda, empolgação, euforia), da empresa *Gartner*. O conceito pode ser aplicado ao aparecimento de novas tecnologias e ao amadurecimento em relação tanto ao entendimento, quanto ao uso. Trata-se de um gráfico cartesiano no qual temos dois eixos: visibilidade e tempo, além de 5 pontos, conforme segue.

23　Professor livre-docente na Escola de Comunicação e Artes da Universidade de São Paulo (ECA/USP).

24　GARTNER. Disponível em: https://www.gartner.com/en/research/methodologies/gartner-hype-cycle. Acesso em: 16 ago. 2022.

a) Gatilho: momento em que se desperta a busca por determinada tecnologia e ganha-se a atenção da mídia. Tudo pode despertar a atenção e o impulso em direção ao que está sendo mostrado. No caso do metaverso, temos uma série de gatilhos iniciais, como a própria declaração de Mark Zuckerberg, que capturou a atenção que estamos dando ao tema hoje, por exemplo.

b) Pico das expectativas infladas: quando o tema se torna evidenciado surgem exemplos de ações e intenções positivas sobre o metaverso. Esse é precisamente o momento que vivemos hoje: empresas buscando se posicionar, uma série de vendas de serviços, captação de investimentos e cursos sobre o tema.

c) Bacia da desilusão: quando as expectativas não correspondem à realidade e as promessas em relação à produtividade e aos investimentos não se cumprem. Nesse momento, há uma retração da confiança no tema. Em relação ao metaverso, essa será provavelmente a próxima fase, com um balanço entre as expectativas e o que de fato está sendo entregue. A decepção e a retração estão proporcionalmente ligadas à euforia gerada e à realidade.

d) Vertente do esclarecimento: nesse ponto temos a maturidade da tecnologia. Aqui, soluções concretas permanecem sendo desenvolvidas com a confiança conquistada e o investimento angariado à época do pico das expectativas.

e) Planície da produtividade: com as sólidas conquistas da fase anterior, as devidas mudanças culturais e a atenção às demandas do mercado, a inovação pode ser uma possível solução.

Na educação, como em outras áreas, há uma série de produtos e serviços que se valem da realidade virtual, da realidade aumentada e do metaverso, utilizando tecnologias antigas apenas com aparência nova. A falta de conhecimento pode levar à cilada, fazendo com que se consuma o que é reaproveitado como inovação. Essa situação representa o que descrevemos no momento das expectativas elevadas. Não é a primeira vez, nem será a última, que surge algo no contexto educacional que promete muito e entrega pouco. É grande a chance de termos produtos difíceis de serem usados em sala de aula, o que significa desperdício de energia de recursos.

Por isso, inicialmente, é importante termos informações seguras, sobretudo que contemplem as demandas internas de nossas instituições. É preciso saber *por que e para que usar* e se esse uso é de fato necessário, se depende única e exclusivamente da tecnologia. Tal postura não nos fará refratários ou contrários ao uso, mas responsáveis e conscientes, tirando o melhor proveito que essa e outras tecnologias permitirão.

Figura 4 – Visibilidade versus expectativa

Fonte: adaptado pelos autores de Gartner Hype Cycle[25].

2.2 O contexto tecnológico do qual o metaverso faz parte

Outro elemento em que devemos focar no presente para entender as transições que estão ocorrendo e os contornos do futuro, é o ecossistema tecnológico no qual o contexto do metaverso está inserido. A visão no contexto geral está associada à terminologia Web 3.0 ou Web3 (na verdade, os termos não significam exatamente a mesma coisa, mas aqui trataremos de forma convergente, uma evolução).

---

25 GARTNER Hype Cycle. Disponível em: https://www.gartner.com/en/research/methodologies/gartner-hype-cycle. Acesso em: 16 ago. 2022.

A Web1.0 foi caracterizada pelo acesso à Internet e ao hipertexto/*hiperlink*; a Web2, pela interação do usuário nas plataformas e o surgimento de grandes conglomerados; a web3.0 acredita na autonomia, na descentralização e na privacidade. Isso traz uma transformação nas diversas áreas da tecnologia e seus respectivos suportes, inclusive no próprio metaverso, conforme aponta o quadro seguinte.

Quadro 1 – Evolução com metaverso

SETORES	EXEMPLOS	ANTES DO METAVERSO	COM O METAVERSO
CARACTERÍSTICAS DA PLATAFORMA	Estrutura organizacional.	• Propriedade central. • Decisões baseadas para agregar valor ao acionista.	• Governado pela comunidade, geralmente por meio de uma organização autônoma descentralizada (DAO). • *Tokens* nativos são emitidos e permitem a participação na governança. • As decisões são baseadas no consenso do usuário.
	• Armazenamento de dados.	• Centralizado.	• Descentralizado.

Continuação

SETORES	EXEMPLOS	ANTES DO METAVERSO	COM O METAVERSO
CARACTERÍSTICAS DA PLATAFORMA (*continuação*)	• Formato da plataforma.	• PC/console • Realidade virtual (VR)/*hardware* de realidade aumentada (AR). • Dispositivo móvel/aplicativo.	• PC. • *Hardware* de realidade virtual (VR)/realidade aumentada (AR). • Dispositivo móvel/aplicativo tecnologias emergentes.
	• Infraestrutura de pagamentos.	• Pagamentos tradicionais (por exemplo, cartão de crédito/débito).	• Carteiras de criptografia.
INTERAÇÃO COM O USUÁRIO	• Propriedade de ativos digitais.	• Alugado dentro da plataforma onde foi adquirido.	• De propriedade através de *tokens* não fungíveis (NFT).
	• Portabilidade de ativos digitais.	• Bloqueado dentro da plataforma.	• Transferível.
	• Criadores de conteúdo.	• Estúdios e/ou desenvolvedores de jogos.	• Comunidade. • Estúdios e/ou desenvolvedores de jogos.
	• Atividades.	• Socialização. • Jogos multijogador. • *Streaming* de jogos. • Jogos competitivos (por exemplo, esportes).	• Jogos para ganhar. • Experiências. • (Mesmas atividades da Web 2.0, veja a caixa à esquerda).

Continuação

SETORES	EXEMPLOS	ANTES DO METAVERSO	COM O METAVERSO
INTERAÇÃO COM O USUÁRIO (*continuação*)	Identidade.	• Avatar na plataforma.	• Identidade autossoberana e interoperável. • Identidades anônimas baseadas em chave privada.
COMERCIAIS	Pagamentos.	• Moeda virtual na plataforma (por exemplo, *Robux* para *Roblox*).	Criptomoedas e *tokens*.
	Receitas de conteúdo.	• Plataforma ou loja de aplicativos ganha 30% de cada jogo comprado; 70% vai para o desenvolvedor (modelo de exemplo).	• Pessoa para pessoa; os desenvolvedores (criadores de conteúdo) obtêm receita diretamente das vendas. • Os usuários/jogadores podem ganhar através do jogo ou da participação na governança da plataforma. • Royalties em negociações secundárias de NFTs para criadores.

Fonte: adaptado pelos autores de Morgan, 2022[26].

---

26 MORGAN, J. P. Oportunities in Metaverse. **Onyx**, 2022. Disponível em: https://www.jpmorgan.com/content/dam/jpm/treasury-services/documents/opportunities-in-the-metaverse.pdf. Acesso em: 17 ag. 2022.

Os campos mais impactados serão: armazenamento de dados, navegadores, redes sociais, serviços de *streaming* de vídeo/música, *market places*, cadeias de suprimentos, logística, publicidade, métodos de previsão de mercado, serviços de aluguel de casas, pagamentos digitais, computação e VPN. Isso sem contar com outros suportes não digitais que precisam ser implementados para que tudo isso possa acontecer, como o parque tecnológico que comporte essas mudanças (com servidores de 5G, antenas, satélites e demais fomentos da estrutura física, por exemplo), além de outras questões, como Internet das coisas, ou seja, a conexão de objetos físicos.

O quadro seguinte mostra a relação direta entre a fase em que vivemos e a fase em que entraremos.

Quadro 2 – Comparativo entre fases

CARACTERÍSTICA	WEB 2	WEB 3
Foco	*Tagging* e experiência do usuário final.	Capacitação do usuário por meio de confiança, segurança e privacidade.
Direcionamento tecnológico	AJAX e Java Script.	Web Semântica, IA, Tecnologias descentralizadas.
Estado dos dados	De propriedade da rede.	De propriedade de uma entidade e compartilhado por meio da rede.
Uso extensivo de 3D gráficos	Não.	Sim.
Área de Foco	Comunitário.	Individual.

Continuação

CARACTERÍSTICA	WEB 2	WEB 3
Tipos de aplicação	Aplicações Web.	Aplicativos inteligentes associados à Inteligência Artificial e Machine Learning.
Publicidade	Interativa.	Comportamental.

Fonte: Affinidi, 2021[27].

É sabido que o metaverso faz parte desse ciclo, na representação visual, na forma de interação midiática dentro das redes de confiança e na manipulação da informação, seja ela pessoa-pessoa, pessoa-dados e, principalmente, pessoa-máquina. Isso significa que é esperada maior descentralização, virtualização e privacidade. No ser humano-máquina, a expectativa é de que haja maior organicidade em relação à informação; a inteligência artificial caminhará ao lado da empatia artificial. Exemplo disso são os *chats boots* (mecanismos de atendimento que máquinas dialogam). No início, era muito difícil estabelecer um nível de diálogo. Com o passar do tempo, será cada vez mais difícil distinguir se estamos falando com uma pessoa ou uma máquina. Também há exemplos de inteligência artificial e *machine learning*, como *Dall-E*, *Midjourney* e *Imagen*, que, com uma linguagem natural, em *chats*, permitem produzir imagens de acordo com a solicitação dos usuários. São sistemas complexos ao alcance dos usuários.

---

27   WEB 2.0 vs Web 3.0. **Affinidi**, 29 jul. 2021. **Disponível em**: https://academy.affinidi. com/web-2-0-vs-web-3-0-a-bridge-between-the-past-and-the-future-c99668c1e2f0. Acesso em: 17 ago. 2022.

2.3 A tendência de expansão do metaverso

Observemos esses números: a população mundial é de aproximadamente 7,9 bilhões de pessoas, segundo *Population Matters*[28]. De acordo com a pesquisa Orbelo[29], 4,95 bilhões de pessoas utilizam internet em 2022. Já o Kepios[30], aponta que, em 2022, as pessoas que usavam mídias sociais somavam 4,65 bilhões; estima-se que 3 bilhões de pessoas jogam *games*, conforme a *Insider Intelligence*[31].

Alguns fatores precisam ser considerados: relação do metaverso com os *games*; a expansão do 5G; a popularização do uso da tecnologia após a pandemia do Covid-19; e a possibilidade de *gamificação* das redes sociais (ou seja, a aproximação das mecânicas do *games* e interfaces nas redes sociais). Levando em conta tudo isso, há um mercado estimado de 1,5 a 2 bilhões de usuários, algo que pode se aproximar 25% da população mundial. Se considerarmos a tendência e a possibilidade de uso do metaverso para usuários dos totais da Internet, estamos falando de 50% da população mundial.

---

[28] ATTENBOROUGH, Sir David. Are you read to explore? **Population Matters**, 2022. Disponível em: https://populationmatters.org/. Acesso em 22 de ago. 2022.

[29] ORBELO, 2022. How many people use internet. Disponível em: https://www.oberlo.com/statistics/how-many-people-use-internet. Acesso em: 17 ago. 2022.

[30] GLOBAL Media Statics. **Datareport**, 2022. Disponível em: https://datareportal.com/social-media-users. Acesso em 22 de ago. 2022.

[31] SOCIAL Media Statics Details. **Undiscovery Maine**, september, 2021.

3 GESTÃO ESCOLAR: O QUE MUDA COM O METAVERSO?

> "A realidade virtual é uma tecnologia que pode realmente permitir que você se conecte em um nível humano real, alma a alma, independentemente de onde você esteja no mundo."
>
> (Chris Milk[32]).

Neste capítulo abordaremos a necessidade de mudanças na gestão escolar com a chegada do metaverso. Apesar de os assuntos abordados estarem mais ligados às escolas particulares, muitas delas servirão como inspiração e reflexão para gestoras e gestores da rede pública.

Como vimos, o metaverso é um mundo virtual no qual você pode fazer as mesmas coisas que faz no mundo real, como ir ao *shopping* ou a concertos, encontrar amigos, visitar museus, estudar e trabalhar. Para que a experiência no metaverso seja mais próxima da realidade, a usuária ou o usuário pode utilizar óculos de realidade virtual, luvas sensoriais e, num futuro próximo, até macacões sensoriais de corpo inteiro.

As grandes marcas de perfumes, por exemplo, já estudam um recurso acoplado aos óculos de realidade virtual em que os usuários conseguirão sentir cheiros. Isso quer dizer que, daqui a pouco tempo, a experiência de imersão no metaverso será similar ao mundo físico, já que esses

---

32   Empresário e produtor na área de arte imersiva.

equipamentos permitirão o uso de quase todos os sentidos (olfato, audição, tato e visão), à exceção do paladar, para que o mundo virtual se confunda com o real. Deu para ter uma ideia de como o metaverso poderá transformar nossas vidas?

Parece até um roteiro de filme de ficção científica, mas a realidade é que precisamos nos preparar para os grandes impactos na educação. Apesar de tudo isso ainda estar em construção, gestoras, gestores, educadoras e educadores precisam manter-se informados quanto às tendências tecnológicas e implementá-las ao cotidiano profissional sempre que for possível, mantendo a escola atualizada e preparada para o futuro.

Sabemos que o metaverso, assim como o lançamento de novas tecnologias e redes sociais, vai surgir aos poucos, até tornar-se algo natural em nossas vidas. Trata-se de uma realidade que está avançando rapidamente. Espera-se que, em menos de dez anos, estejamos 100% inseridos na realidade virtual.

Para esse capítulo, preparamos algumas ideias, a fim de que as escolas possam começar a se planejar e já atuar no metaverso. São exemplos de empresas de diversos setores que estão, de alguma maneira, lidando com o novo universo, bem como reflexões sobre o que poderá acontecer num futuro não muito distante.

3.1 Metaverso na educação e a realidade brasileira

Depois de dois anos de pandemia, o acesso às tecnologias digitais e às iniciativas de inovação na educação ainda estão engatinhando. O metaverso certamente poderá trazer muitos benefícios para uma educação mais inclusiva e personalizada. Porém, como torná-la viável, já que grande parte das e dos estudantes não tem acesso à internet e a outros recursos tecnológicos? Como aplicar o metaverso nas escolas, se professoras e professores ainda não têm sequer preparação tecnológica suficiente para atender as necessidades atuais?

A realidade socioeconômica das famílias, o acesso à internet pela população e a falta de investimento na formação de docentes são algumas das barreiras que encontraremos para a inserção efetiva do metaverso no ambiente escolar. A pesquisa TIC Domicílios 2021[33], que entrevistou 23.950 domicílios, mostra que 82% da população tem acesso à internet, um crescimento de 11% em relação a 2019. Apesar disso, o país ainda contabiliza 35,5 milhões de pessoas sem acesso e o número de domicílios das classes B, C e D/E com computadores caiu no mesmo período.

Quanto à qualidade do serviço, a pesquisa identificou que, tanto na área urbana (64%) quanto na rural (39%), a maioria das residências está conectada à rede por meio de fibra óptica ou cabo. Em seguida, vem a rede móvel, à qual 20% dos domicílios de áreas rurais e 17% dos das urbanas

---

33 TIC Domicílios, 2021. São Paulo: Cetic, 2021. Disponível em: https://cetic.br/media/analises/tic_domicilios_2021_coletiva_imprensa.pdf. Acesso em: 19 ago. 2022.

estão conectados. Praticamente 99% dos usuários acessam a internet em aparelhos celulares, enquanto 50% (74,5 milhões) de habitantes do país, utilizam a televisão, que já ultrapassa os computadores (36%).

Enquanto 100% dos domicílios da classe A possuem acesso à internet, apenas 61% dos das classes D/E dispõem do serviço. A proporção entre as residências da classe B chega a 98% e, os de classe C, a 89%.

Parece utopia falarmos de metaverso quando olhamos para esse cenário. Sabemos que, muito em breve, as escolas particulares, de médio e grande porte, terão condições de inserir essa tecnologia para o dia a dia de estudantes e docentes. Aliás, hoje (2022) algumas escolas já estão, aos poucos, usando o metaverso em sala de aula.

Infelizmente, qualquer novidade tecnológica custa caro e, em países com grande desigualdade social, é comum que a disseminação dessas tecnologias leve mais tempo. Isso vale para computador, celular e internet. Aos poucos, essas tecnologias foram ficando mais acessíveis, tornando-se quase onipresentes na vida das pessoas.

3.2   Estudantes da geração Z

Cada vez mais crianças e jovens têm voz ativa entre pais e responsáveis na hora de escolher uma instituição de ensino. Quando uma escola demostra que está atualizada no que se refere às novas tendências educacionais e tecnológicas, a chance de atrair essa nova geração é muito maior. Portanto, antes de começarmos a abordar a utilização do metaverso nas escolas da educação básica, é preciso conhecer melhor o seu público-alvo.

A geração Z é composta por pessoas nascidas a partir da metade dos anos 1990. Elas cresceram em um mundo digital, com *smartphones*, internet de alta velocidade e estão acostumadas a ter acesso a informações em tempo real de forma fácil e intuitiva.

A nova geração se preocupa com as ações que impactam o meio ambiente, luta por uma sociedade mais justa e, por meio das ferramentas digitais, consegue criar grandes movimentos coletivos em torno de um propósito. Em 2020, o grupo norte-americano ViacomCBS, realizou a pesquisa *Geração Z: o poder da disrupção*[34], com mais de 3.500 entrevistados. Os resultados apontam que 73% consideram que a nova geração tem mais capacidade de transformar o mundo do que as gerações anteriores e desconfia das instituições antigas; ela reconhece seu poder de voz e descentraliza suas ações, o que já é visível em movimentos diversos em torno de temas sociais.

Assim, cada vez mais as escolas precisam se adaptar às mudanças e não lutar contra elas. Entender as necessidades de crianças e jovens é fundamental para desenvolver métodos efetivos para o ensino e a

---

34 CHARLENE, Weisler. Understanding Gen Z and Millennials with ViacomCBS' Wired for Mobile Study. **Paramount**, 29 jul. 2021. Disponível em: https://www.mediavillage.com/article/understanding-gen-z-and-millennials-with-viacomcbs-wired-for-mobile-study/. Acesso em: 19 ago. 2022.

aprendizagem. Mais que um negócio, a escola tem a responsabilidade mais importante na sociedade: preparar estudantes para o futuro, com uma educação de qualidade.

A pandemia da Covid-19 trouxe uma realidade difícil para as instituições de ensino: elas não estavam acompanhando as necessidades da nova geração e, muito menos, as transformações tecnológicas e educacionais. Em menos de dois anos, as escolas tiveram que se reinventar e aceitar que a tecnologia não é mais um argumento de venda para captação de alunos, mas um canal de comunicação, uma ferramenta de ensino e aprendizagem obrigatória para atender a uma geração cada vez mais exigente e sedente por tecnologia e inovação.

3.3   A escola dentro do metaverso

Já imaginou a sua escola do mundo físico, exatamente como ela é, dentro do metaverso? Hoje, isso já está acontecendo.

Na Flórida, Estados Unidos, a *Optima Classical Academy*, uma escola *charter*, isto é, instituição mantida com recursos públicos, cuja gestão é privada, anunciou em janeiro de 2022 seu lançamento em realidade virtual. É a primeira escola do mundo em realidade virtual.

Figura 5 – Sala de aula da *Optima Classical Academy* no metaverso

Fonte: *Optima Classical Academy*, 2022[35].

Os e as estudantes acessam a escola no metaverso com óculos de realidade virtual. Elas e eles podem assistir às aulas em salas, plenárias, laboratórios e outros espaços, assim como na escola real. Também podem viajar para diversos locais e vivenciar o que está sendo ensinado nas aulas.

No metaverso da *Optima* é possível acessar a escola no formato virtual e visitar outros ambientes, projetados de acordo com os conteúdos planejados no currículo. Por exemplo, os estudantes podem aprender sobre a erupção do Monte Vesúvio na própria cidade de Pompeia.

---

35 Optima Classical Academy. VR school explained what *Optima Classical Academy*? YouTube, 2022. Disponível em: https://www.youtube.com/watch?v=oaBvkC9y5R4. Acesso em: 17 ago. 2022.

Figura 6 – Professor usa metaverso para dar aula em Pompeia

Fonte: *Optima Classical Academy*, 2022[36].

Na década de 1990, os professores Morgan McCall, Robert Eichinger e Michael Lombardo, do *Center for Creative Leadership*, na Carolina do Norte (EUA), desenvolveram o modelo de aprendizagem chamado 70:20:10. O estudo resultou na percepção de que a expansão da aprendizagem e o estímulo a novas experiências se dão com base em diversas situações. Eles descobriram que, para uma aprendizagem eficiente, é preciso que haja a seguinte composição: 70% de experiências, 20% de interações e 10% de conhecimento.

---

36 Optima Classical Academy. VR school explained what *Optima Classical Academy*? YouTube, 2022. Disponível em: https://www.youtube.com/watch?v=oaBvkC9y5R4. Acesso em: 17 ago. 2022.

Dentro do metaverso, as e os estudantes aprendem na prática sobre as matérias estudadas, tonando o ensino muito mais prazeroso e eficiente. Mas como a sua escola pode estar presente no metaverso? Hoje, é possível contratar agências especializadas para criar o mundo virtual da sua escola ou construir sua escola em algum mundo virtual já existente.

Os valores ainda são altíssimos pois, como já dissemos, o metaverso está em construção no mundo todo e não sabemos exatamente o que vai acontecer. Nossa sugestão é que a escola comece a participar do metaverso de forma gradativa, ou seja, escolha plataformas existentes para trabalhar com suas e seus estudantes. À medida que as novidades em torno do metaverso forem surgindo, a escola vai se atualizando. Desse modo, corpo docente e discente começam a se familiarizar com a nova tecnologia, que vai chegar para ficar e transformar nossas vidas.

3.4 Como acessar o metaverso?

É possível acessar o metaverso por meio do computador, celular ou *tablet*, via internet, como fazemos hoje para acessar um *site* qualquer. Entretanto, a experiência de acessar o metaverso usando óculos de realidade virtual (RV) é diferente. Com os óculos, você consegue imergir no universo virtual como se estivesse no mundo físico. Já existem vários tipos de óculos de realidade virtual disponíveis no mercado, porém ainda com preços elevados para grande parte da população.

3.4.1 Internet

A cada 10 anos, a internet e os meios de comunicação avançam de forma impressionante. Já estamos na era da Web 4.0 (2020 – 2030) e ela será marcada por algumas características, relacionadas a seguir.

- Intensificação de comunicação e armazenamento de dados.
- Proliferação do *Wifi*.
- Inteligência Artificial.
- Realidade virtual.
- Metaverso.
- Tecnologias 3D.
- Interação social.
- IoT (internet das coisas).
- Chegada do 5G.

Portanto, com a chegada de tantas novidades tecnológicas, sua escola precisa se preocupar em contratar uma internet eficiente. Não dá para economizar na qualidade, não apenas pela questão da experiência no metaverso, mas também pela crescente necessidade de utilização de plataformas digitais de ensino e aprendizagem.

Em agosto de 2022, chegou ao Brasil a internet 5G, que vai garantir mais velocidade e menor latência, ou seja, menos atraso nas transmissões dos dados (o famoso *delay*). Hoje, a internet 4G oferece uma latência de 50 milissegundos; a 5G, entre 1 a 4 milissegundos, praticamente uma transmissão instantânea.

3.4.2 Plataformas e aplicativos

Agora que sua escola já contratou uma internet de qualidade, é hora de conhecer plataformas e aplicativos no metaverso, para definir quais podem se encaixar na proposta pedagógica de sua instituição. A maioria das plataformas foi desenvolvida para ser *videogame*. Porém, com a chegada do conceito de metaverso para interação social, elas estão se reinventando para que as pessoas possam, além de jogar, assistir a shows, conhecer pessoas, trabalhar, fazer compras e outras atividades a que estamos acostumados no mundo real.

É fundamental que gestoras e gestores, professoras e professores acessem as plataformas e as experimentem. Apresentamos a seguir algumas opções mais populares entre as crianças e jovens atualmente.

a) *Minecraft*

Minecraft é um dos *games* mais conhecidos e utilizados hoje pelas escolas da educação básica e um dos mais amados pelas crianças. Trata-se de um jogo em que você constrói coisas com blocos, em um mundo virtual aberto e livre para explorar. É o que os *gamers* chamam de *sandbox*, porque funciona mesmo como uma caixa de areia, em que o único limite para quem joga é a própria imaginação. No *game*, é preciso minerar e coletar recursos para construir coisas - ou para sobreviver. O segredo do sucesso de *Minecraft* é essa liberdade para criar e construir praticamente tudo. Isso é o que faz do jogo tão popular com os pequenos e com jogadores de todas as idades.

Saiba mais: https://www.minecraft.net/pt-pt.

Abra a câmera do seu celular, aponte para o QRCODE e acesse o vídeo:
https://www.youtube.com/watch?v=MmB9b5njVbA.

b) *Decentraland*

A plataforma permite que os usuários criem, interajam e monetizem seus conteúdos e aplicativos. Também é possível comprar pedaços virtuais da terra no metaverso. A oferta de terra é limitada e somente a comunidade tem o direito de criar mais terra. Por meio dessa plataforma, os usuários podem simplesmente arrastar e soltar, usando as ferramentas do construtor, e criar os próprios modelos 3D em suas terras.

Saiba mais: https://decentraland.org/.

Abra a câmera do seu celular, aponte para o QRCODE e acesse o vídeo:
https://www.youtube.com/watch?v=-HmXrQTEmxg.

c) *The Sandbox*

É um jogo virtual que dá liberdade de criação aos jogadores. Na plataforma, pode-se desenvolver avatares, criar um mundo virtual imersivo e negociar ativos digitais na forma de *tokens* não fungíveis (NFTs). Tudo isso é possível porque o *game* explora as funcionalidades da *blockchain*, na qual se insere. Assim, os jogadores podem conduzir suas operações por meio dos *smart contracts* disponíveis. *The Sandbox* busca posicionar os usuários no centro do processo. Ao permitir que eles criem seu próprio universo e desenvolvam ativos digitais, o jogo cria uma comunidade engajada e que auxilia na expansão de seu potencial.

Saiba mais: https://www.sandbox.game/en/.

Abra a câmera do seu celular, aponte para o QRCODE e acesse o vídeo: https://www.youtube.com/watch?v=Zg5vcdEeLOA.

d) *Roblox*

Roblox é outra plataforma na qual os usuários podem jogar jogos feitos por outros usuários. O que torna o *Roblox* diferente de qualquer outra plataforma, é que todos os jogos são feitos por seus usuários. Atualmente, possui mais de 20 milhões de jogos publicados por eles.

A plataforma e os jogos são gratuitos para *download*. No entanto, os jogos oferecem compras de itens, como *skins*, atualizar armas e muitas outras coisas que os usuários precisam comprar. Por exemplo, em um de seus jogos, *Adopt Me!*, os jogadores podem adotar e cuidar de animais de estimação. No jogo, qualquer um dos jogadores pode comprar um ovo que chocará um animal de estimação. A *Roblox* está trabalhando para dar um passo na construção de um metaverso. Recentemente, foi introduzido o "*chat* de voz espacial". Isso pode aprimorar as conversas virtuais e imitar as conversas da vida real.

Saiba mais: https://www.roblox.com/.

Abra a câmera do seu celular, aponte para o QRCODE e acesse o vídeo: https://www.youtube.com/watch?v=zwyGPW7Zp4k.

e) *Fortnite*

Fortnite é um jogo *online* do gênero *battle royale* e o mais popular do mundo na atualidade. Nesse tipo de game, vários jogadores são largados em um mapa de forma aleatória. Cada jogador precisa se deslocar na área, captar recursos, eliminar adversários e tentar ser o único sobrevivente. Vence a partida quem restar por último. A plataforma vem se transformando e criando seu próprio metaverso e já possui espaços exclusivos para interação dos usuários, permitindo a comunicação entre eles por voz ou mensagem, como em uma rede social. Além disso, realiza diversos shows de grandes artistas internacionais. Ariana Grande, por exemplo, fez um show em agosto de 2021 e reuniu mais de mais de 1 milhão de espectadores no *Fortnite*.

Saiba mais: https://www.epicgames.com/fortnite/pt-BR/home.

Abra a câmera do seu celular, aponte para o QRCODE e acesse o vídeo: https://www.youtube.com/watch?v=_4roR7V9fpE.

f) *Mozilla Hubs*

Mozilla Hubs é uma plataforma gratuita com opções de salas e ambientes para você encontrar amigos, realizar eventos e até trabalhar. Ela não possui jogos e foi criada com o objetivo de oferecer ambientes no metaverso para interação social. Você pode baixar o aplicativo no *desktop* ou acessar o *site* de forma *online*. O acesso pode ser feito no computador, em dispositivos móveis e com óculos de realidade virtual.

Saiba mais: https://hubs.mozilla.com/.

Abra a câmera do seu celular, aponte para o QRCODE e acesse o vídeo: https://www.youtube.com/watch?v=5QnOsyyebEQ.

3.4.3 Avatares

Atualmente, cada metaverso possui seu tipo de avatar, que só poderá ser utilizado naquele metaverso específico. Imaginamos que, no futuro, os metaversos estejam interligados e que os avatares possam navegar em qualquer um.

Nesses mundos virtuais, você pode escolher o que quiser ser. O avatar pode ser muito parecido com a pessoa no mundo físico ou ser qualquer coisa: banana, dragão, salsicha, uva etc. A pessoa também escolhe os *skins*, que são as roupas usadas pelos avatares. Há vários *skins* gratuitos; alguns, são cobrados nas plataformas.

No vídeo institucional sobre o Meta, Mark Zuckerberg fala que, no futuro, cada pessoa terá um guarda-roupa com roupas virtuais para qualquer ocasião. Elas serão desenhadas por diferentes *designers*, com base em diversos aplicativos e experiências. Isso já vem acontecendo. Em abril de 2022, por exemplo, a *Gucci* abriu uma loja para vender seus NFTs.

Já imaginou a sua escola vendendo uniformes ou outros produtos especiais para os avatares de seus alunos no metaverso? A venda de NFTs está em expansão. Nossa sugestão é que gestores escolares devem estar atento às oportunidades de novos negócios para as instituições de ensino.

3.4.4 Óculos de realidade virtual

Agora que sua escola já tem uma internet de qualidade e selecionou as plataformas que gostaria de utilizar, vamos falar um pouco sobre os óculos de realidade virtual. Para que a imersão no metaverso seja completa, o ideal é usar óculos com dois controles remotos: um que se encaixa na mão esquerda e o outro, na direita. Desse modo, além de o usuário conseguir acessar o mundo virtual, consegue interagir, sem depender de nenhum dispositivo externo.

Os *oculus*, desenvolvidos pela empresa Meta (*Facebook*), são os mais populares, com preços mais acessíveis. Pesando apenas 503 gramas, o produto conta com um processador *Snapdragon* XR2, feito especialmente para a realidade virtual. Em seu interior, o dispositivo também conta com 6 GB de memória RAM e opções de armazenamento de 128 GB e 256 GB[37]. Os *oculus* funcionam com dois controles de movimento na caixa do dispositivo, mas também possui *apps* que funcionam diretamente com o mapeamento das mãos.

---

[37] QUEIROZ, Otávio. Os 8 melhores óculos de realidade virtual (VR) e aumentada (AR). **Showmetech**, 21 jul. 2022. Disponível em: https://www.showmetech.com.br/melhores-oculos-de-realidade-virtual-e-aumentada/. Acesso em: 19 ago. 2022.

Outra empresa que também vem trabalhando em seu próprio metaverso é a *Microsoft*. Os usuários podem participar de reuniões virtuais por meio do *Teams*, utilizando avatares 3D e criando um universo de bonecos digitais que podem interagir entre si. Batizado de *Microsoft Mesh*, o recurso pode ser acessado no *smartphone*, com óculos de realidade virtual de terceiros ou com o *HoloLens*, os óculos inteligentes de realidade mista da empresa.

O *HoloLens*, inclusive, nasceu com foco no uso corporativo. O modelo vem com o *Snapdragon* 850, 4 GB de RAM e armazenamento interno de 64 GB. Ele ainda possui um par de alto-falantes e uma câmera frontal de 8 *megapixels* para videoconferência, com capacidade para até 6 graus de rastreamento [38]. Há, ainda, marcas como a *Vive Pro* 2, *Playstation* VR, *Vive Cosmos*, *Reverb* G2 (HP), dentre outros no mercado de óculos de realidade virtual.

Como o metaverso está em construção, os óculos VR sofrerão atualizações anualmente. A expectativa é de que serão lançados óculos VR cada vez mais modernos e com novas funcionalidades.

Assim como aconteceu com os computadores e celulares, à medida em que a tecnologia vai se tornando necessária para o dia a dia das pessoas, as empresas começam a abaixar os preços dos dispositivos, tornando mais acessíveis para a população. Portanto, sugerimos sempre um bom planejamento, tanto pedagógico quanto orçamentário.

---

38 QUEIROZ, Otávio. Os 8 melhores óculos de realidade virtual (VR) e aumentada (AR). **Showmetech**, 21 jul. 2022. Disponível em: https://www.showmetech.com.br/melhores-oculos-de-realidade-virtual-e-aumentada/. Acesso em: 19 ago. 2022.

3.5 Captação de estudantes e campanha de matrículas

Para a maioria das escolas particulares, a fase de campanha de matrículas, que ocorre no segundo semestre, é uma verdadeira dor de cabeça, pois é preciso focar na fidelização e na captação de estudantes. Refletindo sobre o aspecto estratégico do negócio, cada vez que a escola oferece tecnologias que já lhes são familiares e mostra aos pais e/ou responsáveis a preocupação com a inovação, a escola torna-se mais atrativa. Assim, as chances de fidelizar estudantes e de captar novos, cresce exponencialmente.

Hoje, o melhor caminho para as escolas é utilizar o metaverso como uma ferramenta complementar em suas atividades pedagógicas. Mas como minha escola pode começar a utilizar o metaverso para atrair mais alunos? Vimos anteriormente as plataformas de metaverso já disponíveis no mercado, que podem ser incluídas no currículo escolar. As pessoas responsáveis pela gestão, devem estar sempre atualizadas, experimentar e decidir, com o corpo docente, quais caminhos tomar.

O metaverso está em construção no mundo inteiro. Tente implementar aos poucos o conceito dentro da escola e foque na formação docente. Num futuro não muito distante, a sua escola poderá estar no metaverso, seguindo os passos da *Optima Classical Academy*.

Com a escola inserida no metaverso, além de questões pedagógicas, as famílias terão mais facilidade para visitar a instituição, sem que seja necessário deslocamento físico. Por outro lado, é preciso treinar os funcionários que acompanharão as famílias nessas visitas. Talvez seja o caso de montar uma equipe dedicada exclusivamente à escola no metaverso.

O modelo tornará o processo de matrícula menos burocrático e mais ágil. Há escolas que já fazem o processo pelo *site*. A diferença é que, com a escola no metaverso, dúvidas poderão ser esclarecidas em tempo real, num ambiente muito similar ao do mundo físico, com um atendimento *online* mais humanizado.

3.6   Ensino híbrido

A pandemia deu ênfase ao chamado ensino híbrido para as escolas. Essa modalidade poderá sofrer uma grande transformação com a chegada do metaverso.

Imagine um(a) professor(a) de história levando seus alunos para conhecer o Museu do Louvre no metaverso? Todos caminhariam juntos pelo museu em tempo real e poderiam interagir uns com os outros. Acreditamos que o metaverso tem a possibilidade de melhorar a qualidade do ensino e da aprendizagem por meio das experiências vividas por docentes e discentes.

A *Medroom* é uma startup brasileira que oferece um laboratório de anatomia em realidade virtual. "Nós fomos nos adaptando às mudanças tecnológicas e inovações impostas no cenário que estamos vivendo.

Com todas as novidades, o caminho para o metaverso começou a ficar mais claro e tangível. Agora não trabalhamos só com VR, mas também com a web e o aplicativo de celular. Como todo esse universo que criamos é interligado e funciona para momentos diferentes do aprendizado, conseguimos colaborar para o sistema híbrido de ensino e assim criar o metaverso MedRoom", explica Vinícius Gusmão, CEO e cofundador[39] . Esse é um bom exemplo do potencial do metaverso para o ensino híbrido, que certamente se expandirá para outras áreas do conhecimento.

Além disso, como o metaverso trará aquela sensação de estarmos no mundo real, no futuro alunas e alunos poderão acessar a sala de aula virtual, sem se deslocar fisicamente para a escola. Inclusive será possível estudar em outro estado ou em outro país. Já imaginou? É fundamental que as escolas acompanhem as novas tendências tecnológicas e vá inserindo aos poucos o metaverso em seu planejamento. Dessa forma, a instituição gradativamente, vai imergindo no mundo virtual.

3.7   Livros escolares

Muitas escolas estão optando por utilizar livros escolares somente em versão digital - e a tendência é de crescimento rápido. Com o avanço da tecnologia, os livros digitais e impressos poderão oferecer recursos integrados ao metaverso.

---

39   MEDROOM. Disponível em: https://www.medroom.com.br/demo-port.
Acesso em: 19 ago. 2022.

Ainda não há um leitor de livros no metaverso. Uma das razões é a de que os óculos de realidade virtual disponibilizados atualmente causam náusea, ansiedade e enxaquecas em algumas pessoas, segundo um estudo[40] realizado em 2022, pela Coburg University, na Alemanha. Enquanto a leitura não é efetiva no metaverso, é possível ir desenvolvendo atividades híbridas, usando o livro escolar como ferramenta essencial para o estudo dos conteúdos.

3.8   Formação do corpo docente

É importantíssimo investir na formação de docentes. O metaverso é um conceito em construção, mas, num piscar de olhos, será uma realidade.

Por conta da pandemia, os(as) professores(as) se familiarizaram com diversas ferramentas tecnológicas, mas não devem se acomodar. É preciso que a escola estimule a busca por novas tecnologias. Mesmo com o retorno das aulas presenciais, a escola não pode acreditar que a tecnologia voltará a ser somente um recurso complementar no ensino; ela será parte fundamental da vida de estudantes, já acostumados ao conceito de metaverso em jogos virtuais.

A verdade é que docentes, gestoras e gestores, gostando ou não de tecnologia, precisam acessar essas plataformas para entender mais as e os estudantes e pensar "fora da caixa" sobre as novas possibilidades de

---

40   NOREM, Josh. New Study Shows Working in The Metaverse Sucks. **Extremetech**, 17 jun. 2022.Disponível em: https://www.extremetech.com/internet/337247-new-study-shows-working-in-the-metaverse-sucks. Acesso em: 23 ago. 2022.

ensino em ambientes virtuais. Assim, a gestão escolar é responsável por estimular a busca por novas metodologias, compartilhando matérias e artigos, oferecendo formações na escola, participando de eventos de educação e inovação, fazendo reuniões periódicas exclusivamente para debates sobre inovação etc.

3.9   O futuro da propaganda e do *marketing*

Como vimos até aqui, o metaverso vai transformar nossa relação com estudantes, suas famílias, e o modo como fazemos negócios. O *marketing* é a área que mais cresce dentro do metaverso.

3.9.1   Influenciadores digitais

Muitos artistas já possuem seu influenciador digital, um avatar que representa a pessoa no mundo virtual. Dois bons exemplos de influenciadoras digitais é a atriz Sabrina Sato, que possui a *Satiko*, e a empresária Bianca Andrade, com a *Pink*.

Uma pesquisa realizada em 2021 pelo *site Virtual Humans* trouxe dois fatores que tornam os influenciadores virtuais tão populares no Brasil. O primeiro foi a criação do ícone virtual brasileiro *Lu*, da Magazine Luíza (Magalu), que já alcançou o lugar de maior influenciadora do mundo. A história de *Lu* remonta a 2003, quando Frederico Trajano, CEO do Magazine Luíza, decidiu que a empresa precisava de um rosto ou mascote para sua nova loja virtual. A marca era conhecida por vender eletrodomésticos e eletrônicos, então um influenciador virtual parecia o mais adequado para representar essa nova tecnologia. A *Lu* foi criada para preencher o vazio de uma vendedora de loja para os *site*s de comércio eletrônico. Com o tempo, seu papel se expandiu para o de uma verdadeira influenciadora. Em 2007, *Lu* iniciou seu canal no *YouTube*, com diversos tutoriais. *Lu* rapidamente se tornou um ícone brasileiro em uma época em que ninguém falava em influenciadores virtuais.

Figura 7 – Lu, da Magalu, primeira *influencer* 3D no país em capa de revista

Fonte: Divulgação Magalu.

Outro fator relevante foi uma lei brasileira de 2011, regulamentando a comunicação audiovisual, apoiando o crescimento de artistas e animadores 3D. A nova lei deu prioridade à animação infantil produzida por estúdios brasileiros para inaugurar uma nova era de programas populares como o *Mundo Ripilica* e *Tainá* e *Guardiões da Amazônia*. Os efeitos

da lei foram imediatamente percebidos e estimularam o rápido crescimento da indústria de animação brasileira. De 2013 a 2018, os estúdios
nacionais produziram 19 filmes de animação, quase 45% da produção
histórica do país. O Festival Internacional de Cinema de Animação de
Annecy, na França, premiou dois filmes de animação brasileiros (Rio
2096 e Menino e o Mundo), em 2013 e 2014.

Ao longo de 10 anos, o Brasil se tornou o berço de vários dos influenciadores virtuais mais populares do mundo. Em 2003, a *Lu* redefiniu o
que significa ser uma embaixadora da marca. Sua popularidade e influ-
ência demonstraram o crescimento da indústria de animação no país,
que foi apoiada pela aprovação da lei de 2011. Desde então, inúmeros
personagens virtuais, como Any Malu e Miquela Sousa, tornaram-se
populares dentro e fora do Brasil. Em agosto de 2022, a Nestlé lançou a
Moça, famosa personagem das embalagens do *Leite Moça*, como repre-
sentante da marca para suas redes sociais.

Os influenciadores digitais são e serão peças essenciais para a divulgação de serviços e produtos no metaverso. As grandes corporações
sabem disso e já estão, de forma gradativa, nos treinando para o novo
modelo de interação com as marcas. Outro exemplo de muito sucesso
é o caso do *rapper* americano *Snoop Dog*. Ele tem um metaverso próprio na plataforma *The Sandbox*, um espaço para as pessoas interagirem
com o avatar do artista, assistir a shows, comprar NFTs, dentre outras
funcionalidades.

Esse tipo de investimento ainda é alto para a maioria das escolas da educação básica. Uma ideia para dar início ao novo mundo digital é desenvolver um personagem 3D da instituição de ensino e aplicar de forma estática nos materiais de *marketing*, redes sociais, *site*, comunicados internos etc. Não é necessário um investimento alto como a criação de um personagem humano hiper-realista; pode ser uma animação simples. Afinal, no metaverso as pessoas poderão ser o que quiserem, sejam avatares semelhantes às pessoas ou totalmente fictícios.

Já existem estúdios brasileiros especializados no desenvolvimento de animações e personagens 3D. Obviamente é preciso entender o momento da escola e verificar se esse tipo de ação ajudaria efetivamente. Todas as ações de *marketing* e investimentos publicitários devem ter objetivos bem claros e mensuráveis. Vale a pena ir pensando no assunto, pois, mesmo que a escola não esteja pronta para esse tipo de investimento agora, num futuro muito próximo, será obrigada a se adequar aos novos tempos se não quiser perder espaço para a concorrência.

3.9.2 Anúncios

Além de influenciadores digitais, algo que anda sendo debatido por tecnólogos dentro de eventos sobre metaverso é como será o controle e a monetização dos anúncios no mundo virtual. Hoje, somos bombardeados por propagandas no *Facebook*, no *Instagram*, via *e-mails*, e pelo *WhatsApp*, dentre outros.

Imagine que você está em um metaverso interagindo com seus amigos e começam a aparecer anúncios a todo momento na sua frente. Como controlar isso? Quais serão as regras de divulgação de produtos e serviços no metaverso? O assunto é tão preocupante que uma das profissões previstas para o futuro é o de "especialista em bloqueios de anúncios".

3.9.3   Redes sociais

Como já dissemos, em outubro de 2021, Mark Zuckerberg anunciou a mudança de nome do *Facebook* para Meta. Obcecado pelo metaverso, todos os investimentos da empresa estão voltados para o tema hoje. *Instagram* e *Facebook* já permitem que criemos avatares, os mesmos que vamos usar nos metaversos do Meta.

É fato que a nossa interação social por meios digitais vai mudar completamente, assim como a interação do público-alvo com as marcas. No metaverso, tudo acontece em tempo real o que exigirá das escolas muito planejamento, organização e maior investimento em tecnologia, formação e *marketing*. Se a sua escola ainda não tem um bom trabalho nas redes sociais, sugerimos que se organize o quanto antes para que a marca de sua instituição esteja mais preparada para esse novo canal digital.

3.9.4 *Site* institucional

No metaverso, podemos interagir com o mundo físico por meio de *webcams*, por exemplo. Também podemos acessar aplicativos e *sites*, diretamente do mundo digital. Cada vez mais as pessoas buscam conhecimento e entretenimento nos canais digitais. É preciso que as escolas acompanhem as inovações tecnológicas e se alinhem ao novo perfil de consumidor. Imagine você usando seus óculos VR e acessando o *site* da sua escola hoje.

O metaverso está em construção e ainda não temos certeza de muitas coisas. Talvez sua escola nem precise de um *site* na era do metaverso. Quem sabe só precise estar cadastrada em uma ferramenta de buscas, como o *Google* ou Sua Escola Ideal, específica para escolas da educação básica. De lá, as famílias poderão visitar diretamente a escola dentro do metaverso. Claro que isso tudo está no nosso campo imaginativo, mas com grandes possibilidades de se concretizar.

3.9.5 Metaverso como ferramenta de pesquisa

O metaverso está sendo um grande laboratório para testes de produtos e serviços de grandes multinacionais. A *Nike* é um exemplo disso. A empresa oferece milhares de NFTs de tênis para calçar os avatares. Isso faz com que a empresa consiga, por meio de vendas de tênis virtuais, lançá-los fisicamente. Já existe uma ação da *Nike* na qual, adquirindo o tênis virtual para seu avatar, você já recebe o físico em sua casa.

Numa pesquisa[41] realizada pela Ipsos, nos Estados Unidos, com mais de 1.000 pessoas, mostrou que 34% dos entrevistados com idade entre 18 e 34 anos gostariam de inteargir com as marcas no mundo virtual.

Gráfico 1 - Você gostaria de interagir com uma marca no mundo virtual?

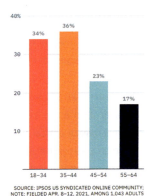

Fonte: Vip, 2021[42].

O que mais vemos atualmente são escolas que trabalham campanhas de *marketing* para prospecção de alunos com foco exclusivo nas famílias de estudantes. É preciso ouvir mais, saber o que almejam para o

---

41 METAVERSE & Media. **Vip**, dez. 2021. Disponível em: https://read-vip.variety.com/html5/reader/production/default.aspx?pubname=&edid=9d8bafe3-949e-405e-8fdb-7e9845ad175c&utm_source=ExactTarget&utm_medium=Email_VIP&utm_campaign=2022&utm_content=Acq. Acesso em: 23 ago. 2022.

42 Idem.

futuro, o que esperam de uma instituição de ensino, os canais com os quais interagem mais, dentre outras informações que apoiam as escolas em seu planejamento estratégico.

Seus alunos estão no *Roblox*, *Fortnite*, *Minecraft* ou em outros aplicativos? Por que não marcar um encontro em um desses metaversos e conversar? Isso já é possível e vai aproximar muito as e os estudantes da escola. Essa é apenas uma ideia. Nossa sugestão é que a gestão, junto com profissionais de *marketing*, consiga enxergar o metaverso como uma ferramenta poderosa para pesquisa de mercado.

Por exemplo: será possível testar novos produtos e serviços no metaverso antes de lançá-los no mundo físico. Assim, a escola pode criar alguma atividade ou projeto no metaverso e verificar a aceitação do corpo discente. Caso aprovem, a escola replica para o mundo físico. O investimento é bem menor do que se a escola testasse diretamente no mundo físico. Além disso, as e os estudantes são envolvidos na decisão, o que significa produtos e serviços mais personalizados para seu público-alvo.

4 APLICAÇÕES PEDAGÓGICAS

"A simulação já não é a simulação de um território, de um ser
referencial, de uma substância. É a geração pelos modelos
de um real sem origem nem realidade: hiper-real."
(Jean Baudrillard).

O presente capítulo pretende abordar as aplicações pedagógicas e suas
relações com o metaverso. A ideia não é esgotar o tema, mas permitir
que essa introdução possa ser útil e fomentar uma reflexão sobre esse
novo universo e as questões educacionais.

4.1 O metaverso e a relação com ensino-aprendizagem

A relação entre o metaverso e a educação deve girar, primeiramente, em
torno do que nós já conhecemos, do nosso repertório. Outro fator a ser
levado em conta é a disposição que temos para as tecnologias, sobretudo
quanto às abordagens educacionais presentes em nossas instituições.

A tendência é que o metaverso se aproxime de questões ligadas às disciplinas associadas à tecnologia, mas não se concentre apenas nelas.
Isso porque a tecnologia perpassa outras áreas de conhecimento, é um
assunto onipresente, faz parte de questões atuais e da cultura geral de

nossos tempos, ou seja, é um meio, razão pela qual está presente em abordagens distintas. A ideia é que possamos, ao máximo, aproximá-la de nossas vidas, superando eventuais limitações tecnológicas e culturais.

É importante discernir qualquer tecnologia no processo cotidiano do seu uso no ecossistema educacional. No segundo caso, mais do que no primeiro, é necessário fazer perguntas simples, mas fundamentais, abordando os *por quês* e *para quês*, antes mesmo de saber como fazer alguma coisa. Se essas reflexões não responderem a contento para ser um meio de atingir a condição de ensino e aprendizagem, alguns pontos devem ser revistos. Isso porque devemos tirar o máximo de proveito dos recursos com a clara finalidade educativa, de modo que as e os estudantes não sejam apartados da evolução tecnológica e que seu uso seja consciente e agregador, tanto no que se refere à tecnologia em si, como se constituindo em instrumento de aprendizagem em outras disciplinas.

O metaverso abre uma série de campos em relação ao ensino e à aprendizagem sob uma perspectiva muito além do letramento digital, embora ele seja imprescindível para o uso em todas as áreas. Assim, deve-se pensar em múltiplas formas para se adequar às necessidades diretas e indiretas de cada disciplina e de cada sala de aula, bem como às diretrizes político-pedagógicas específicas da instituição.

O pressuposto abordado pela Bússola de Aprendizagem (OCDE, 2019), afirma que há um ponto de início da jornada da educação: o agenciamento de estudantes e o de educadores e responsáveis. O agenciamento refere-se à interação do usuário, à sua maneira, e dos resultados individuais. Nesse contexto, a ação educacional não se dá não apenas pela exposição de conteúdos, mas se utiliza de diversas metodologias e recursos. Todas as pessoas envolvidas transformam-se em roteiristas de aprendizagem, elaborando percursos de experiências em jornadas de aprendizagem.

O documento da OCDE aponta uma série de questões necessárias, que devem ser contempladas para culminar no destino final: o bem-estar. Para exemplificar o que se entende por bem-estar, o quadro seguinte relaciona os conceitos aos Objetivos de Desenvolvimento Sustentável (ODS).

Quadro 3 – Bem-estar e ODS

DESTINO: BEM-ESTAR DA OCDE	OBJETIVOS DE DESENVOLVIMENTO SUSTENTÁVEL
1. Trabalhos	ODS 8 – Trabalho decente e crescimento econômico ODS 9 – Indústria, inovação e infraestrutura
2. Renda	ODS 1 – Erradicação da pobreza ODS 2 – Fome zero e agricultura sustentável ODS 10 – Redução das desigualdades
3. Habitação	ODS 1 – Erradicação da pobreza ODS 3 – Saúde e bem-estar
4. Equilíbrio entre vida profissional e pessoal	ODS 3 – Saúde e bem-estar ODS 5 – Igualdade de gênero ODS 8 – Trabalho decente e crescimento econômico
5. Segurança	ODS 16 – Paz, justiça e instituições eficazes
6. Satisfação com a vida	Relacionado a todos os objetivos
7. Saúde	ODS 3 – Saúde e bem-estar
8. Engajamento cívico	ODS 5 – Igualdade de gênero

Continuação

DESTINO: BEM-ESTAR DA OCDE	OBJETIVOS DE DESENVOLVIMENTO SUSTENTÁVEL
9. Ambiente	ODS 6 – Água potável e saneamento ODS 7 – Energia limpa e acessível ODS 12 – Consumo e produção responsáveis ODS 13 – Ação contra a mudança global do clima ODS 14 – Vida na água ODS 15 – Vida terrestre
10. Educação	ODS 3 – Saúde e bem-estar ODS 4 – Educação de qualidade ODS 5 – Igualdade de gênero
11. Comunidade	ODS 11 – Cidades e comunidades sustentáveis ODS 17 – Parcerias e meios de implementação

Fonte: OCDE, 2019.

4.2 Forma e função: interação com o conteúdo

Como referência de uso prático do metaverso como possibilidade de instrumento e/ou meio educacional, nos valeremos dos 3 pilares da ludoliteracia, devido à similaridade de base entre a mediação interativa e o fator lúdico tal qual os jogos digitais. Veja o quadro seguinte, baseado em Zagal (2008).

Quadro 4 – Metaverso e ludoliteracia

PRESSUPOSTOS DA LUDOLITERACIA	PRESSUPOSTOS DA LUDOLITERACIA APLICADOS AO METAVERSO	APLICAÇÃO AO METAVERSO	EXEMPLO
Ter capacidade de jogar.	Saber como acessar e interagir.	Muito além de saber os comandos e como navegar por esses universos, é necessário ter uma navegação segura, não se expor a riscos e usar ética responsavelmente.	Navegar por uma aplicação que se enquadre nos padrões de metaverso e desenvolver e adaptar atividades.
Ter capacidade de compreender os significados dos jogos.	Discernir os impactos do metaverso no contexto individual e coletivo.	Interagir sabendo a diferença entre o real e o virtual. Saber o impacto que tal tipo de interação pode representar na vida e na humanidade; entender o que está por trás das representações gráficas nos seus mais diversos desdobramentos socioculturais, econômicos etc.	Promover o diálogo e o debate, baseado no que vimos das aplicações que se enquadram no quesito do metaverso.

Continuação

PRESSUPOSTOS DA LUDOLITERACIA	PRESSUPOSTOS DA LUDOLITERACIA APLICADOS AO METAVERSO	APLICAÇÃO AO METAVERSO	EXEMPLO
Ter a capacidade de fazer jogos.	Compreender a sinergia entre o metaverso dentro das práticas, habilidades e aptidões vocacionais.	Possuir repertório para analisar como a visão entre o metaverso e os saberes formais e cotidianos podem incidir no mercado de trabalho frente às escolhas e opções profissionais, de modo, que com as adaptações do mercado e as demandas de força de trabalho, haja entendimento, colocação e adaptação.	Desenvolver atividade relacionadas à habilidade vocacionais, desde a programação e *design* 3D, criando e reproduzindo aplicações, até projetos de pesquisa e de empreendedores (como criar negócios diversos no ambiente de metaverso). Refletir e estruturar abstrações relacionadas ao desenvolvimento de produtos (moda e bens virtuais etc.) e serviços (profissionais de diversas áreas).

Fonte: organizado pelos autores, 2022.

Baseado no quadro anterior, temos uma primeira abordagem para saber como focar o metaverso via educacional, como fazer uma ponte entre o que existe e o que necessitamos. É importante desmistificarmos os meios de acesso e a possibilidade de compreensão, pois, muitas vezes, em nossos espaços educacionais teremos máquinas capazes de rodar muitos aplicativos que requerem conhecimento e que podem ser trabalhados de forma transversal ao conteúdo. Uma forma de contornar as limitações técnicas para o acesso às aplicações, pode ser recorrer a vídeos, pesquisas, relatórios, imagens, notícias e demais representações e abordagens, além de aplicativos gratuitos, disponíveis às nossas mãos.

4.3   Criando uma aula com o tema metaverso

Há uma série de possibilidade de lidar com o metaverso dentro do contexto educacional. Como já dito, pode-se abordar o tema tanto do ponto de vista da tecnologia em si, como usar essa tecnologia como ferramenta em outras disciplinas. Nesse contexto, seguindo o enfoque do Currículo de Referência do CIEB (RAAB *et al.*, 2018), temos o quadro seguinte.

Quadro 5 – Eixo do currículo e sua aplicação

EIXO DO CURRÍCULO CIEB	DESCRITIVO DO EIXO	APLICAÇÃO NO METAVERSO
Cultura Digital	Foco na interseção entre tecnologia e relações humanas.	Reconhecer o metaverso como potencial comunicacional.
Tecnologia Digital	Foco nos conceitos relacionados ao desempenho da computação (hardware, *software* e redes).	Entender como o metaverso funciona do ponto de infraestrutura e operacionalização.

Continuação

EIXO DO CURRÍCULO CIEB	DESCRITIVO DO EIXO	APLICAÇÃO NO METAVERSO
Pensamento Computacional	Foco na resolução de problemas por meio de habilidades e competências relacionadas ao uso da computação.	Resolver exercícios e projetos dentro do metaverso ou com o metaversos para achar soluções.

Fonte: organizado pelos autores, 2022.

A seguir, elencamos uma série de ideias que podem ser usadas em sala de aula.

◆ Produções textuais e outros tipos de mídia

Há uma vasta possibilidade de produção textual relacionada ao tema. A proposta pode considerar diversos estilos de texto e várias abordagens, como uma redação sobre os dilemas e as circunstâncias do cotidiano, escrita criativa (contos ou histórias em quadrinhos, roteiros audiovisuais, verbetes de dicionário com os termos relacionados, um hipertexto estilo *wiki*, anúncios publicitários, manuais de uso e infográficos, por exemplo).

Além do texto, também podemos pensar outras formas de mídia, como vídeos (documentários, notícias ou ficção) e peças publicitárias (cartazes, dicas e criação de *websites*).

APLICAÇÕES PEDAGÓGICAS

- ◆ Debates sobre o tema

Pode-se pensar em debates em grupos, cada grupo defendendo um ponto de vista (um lado favorável, apontando as vantagens e outro, as desvantagens, por exemplo). Os subtemas podem abordar questões como empregabilidade, propriedade intelectual, fuga da realidade, respeito ao próximo, escuta ativa, expressão oral e/ou escrita e impactos sobre a cultura, por exemplo. Esses debates podem se dar presencial ou virtualmente, por meio das ferramentas textuais e de fala dos ambientes virtuais.

Além disso, podemos pensar em formas divertidas, como o uso de *skins* (roupas) nos avatares durante a argumentação. Isso abre possibilidade para interpretar personagens históricos, reproduzindo falas de momentos do passado e combinando personalidade de ambientes diferentes. Também cabe pensar no conceito figital (partes física e digital), com criação de regras sobre como integrar as falas em ambas as realidades, de modo que tudo o que seja dito na realidade, reflita na virtualidade de vice-versa.

- ◆ Analisar notícias sobre o tema

Trata-se de uma atividade em que podemos exercitar a atenção e o senso crítico em relação às notícias. O processo envolveria a busca e a seleção dessas notícias, a checagem (veracidade dos fatos), a seleção de adjetivos empregados, a data e o contexto da publicação, comparação do mesmo fato em diferentes veículos, entendimento sobre a finalidade do texto, público-alvo e tendências do argumento, por exemplo. Todos esses passos devem ter como foco a leitura profunda, o mergulho em profundidade do que está sendo dito.

- Produção de objetos 3D

Os mundos digitais e as informações sobrepostas no mundo real geralmente são feitas em 3D. Existem diversos aplicativos que permitem a modelagem e a visualização, como *Tinker Cad*, *Paint* 3D, *Roblox Studio* e o *Blender*, que permitem criar objetos, monumentos históricos e cenários. Também pode-se interagir, para explorar esses espaços criados. Além disso, há uma série de ferramentas de sobreposição da realidade, como *Niantic Lightship*. Na linha de uma prática *maker*, é possível projetar os objetos 3D com projetores de holograma domésticos.

- Experiência com realidade aumentada

O *Merge Cube* permite uma solução prática para visualizar e, também, criar objetos para realidade aumentada. Uma série de aplicativos pode ser acessada e o cubo, baixado da internet e impresso.

- Óculos de realidade virtual acessíveis

Há óculos de realidade virtual de diversos modelos e valores. Para fins didáticos, podemos usar os mais baratos, utilizados em conjunto com o telefone. Existem modelos para recortar e montar com papel.

- Cartografia o espaço digital

Fazer um mapa relacionado ao espaço virtual ou com pontos de informação virtualizados na realidade. Assim, é possível criar representações gráficas que promovam o mapeamento desses espaços. Além das habilidades relacionadas à orientação espacial, também temos aqui uma orientação metaespacial, criando uma alfabetização espacial em relação à virtualidade.

- Metaverso como material de aula

Sendo um tipo de mídia, temos uma possibilidade de fazer um *design* instrucional, ou seja, adaptar conteúdos de livros e vídeos para o mundo virtual. Com possibilidades de criação de determinados *softwares*, pode-se adaptar cenários, criar objetos, propor atividades interativas, desenvolver personagens digitais para dar instruções e compartilhar conhecimento.

Há uma série de espaços educativos no *Second Life*, reuniões no *Alt Vr Space* e os projetos no *Minecraft*. Listamos alguns deles a seguir.

a) *Fiocraft* – Museu da Vida

Projeto da Fiocruz, que construiu o Castelo Mourisco do *campus* de Manguinhos. Há uma série de atividades que os usuários podem realizar, como visitação ao espaço, a exposições (a exposição do Oceano teve versões no mundo real e no virtual), informações sobre a Covid 19 e interação com personalidades, como Osvaldo Cruz e Carlos Chagas.

b) Biomas Brasileiros no *Minecraft*

É um mundo desenvolvido pelo Serviço Social do Comércio (Sesc/Rio) no projeto Sesc + Sustentabilidade. Foi criado um espaço virtual com biomas brasileiros construídos com blocos, associados a informações. Houve aplicação em sala de aula, integrando atividades analógicas e digitais dentro do ambiente do *Minecraft*.

c) Museu de Arte Moderna de São Paulo (MAM)

O MAM fez uma versão dentro do *Minecraft*, expondo obras do seu acervo. Os personagens conversam com os usuários, falando sobre as obras de arte e sugerindo atividades relativas à materialidade e à poética, provocando uma reflexão sobre a estética. O projeto foi desenvolvido pelo MAM e pela agência África de Comunicação.

d) *History Blocks*

Iniciativa da Organização das Nações Unidas para a Educação, a Ciência e a Cultura (Unesco) e da Agência África de Comunicação, teve como objetivo desenvolver mundos que continham patrimônios da humanidade destruídos por atos de terrorismo. As e os estudantes puderam ter contato com o tema e construir monumentos escolhidos. O projeto esteve presente em aproximadamente 100 países e acumulou uma série de conquistas, como um troféu em Cannes e uma exposição em vitrine na 5ª Avenida, em Nova York.

- Desenvolver projetos associados ao empreendedorismo

Utilizar esse veículo midiático para criar projetos com estudantes, a fim de resolverem problemas cotidianos com foco em empreendedorismo, produtos e serviços.

- Realizar pesquisas

Propor que alunas e alunos levantem informações, com o objetivo de entender o metaverso e suas implicações na humanidade. Para isso, realizar uma pergunta norteadora ou sortear pela sala perguntas norteadoras de acordo com o nível, a criatividade e o interesse da turma. Além disso, como parte do processo pode haver citação de fontes fidedignas e apresentação de resultados para a sala, que podem ser expostos no metaverso.

- Projetos de pré-iniciação científica

As feiras de ciência pré-universitárias representam uma realidade cada vez mais frequente como possibilidade de prática pedagógica. O metaverso pode ser objeto de pesquisa, independentemente da área, por tratar-se de um tema transversal. Há muitas hipóteses que podem ser levantadas e pesquisadas e questões relacionadas a problemas cotidianos. Para seguir esse caminho, deixamos como sugestão: 1) entrar no *site* das feiras de ciência (*Febrace*, *Mocica*, *Mostratec*, FBJC, FEBIC, *Bragantec* e *Cienert*, por exemplo) e ver os projetos participantes das últimas edições; 2) baixar o aplicativo gratuito Norte para a ciência na *Play Store* e na *App Store*.

* Fazer apresentações 3D navegáveis

Usualmente fazemos apresentações (em aulas presenciais ou a distância, com a tela compartilhada) com *slides*, num determinado padrão de textos e imagens. Outra possibilidade seria utilizar os recursos do mundo virtual para criar apresentações mais atrativas. Assim, no lugar de passar *slides*, pode-se navegar com personagens por um cenário e colocar textos de forma interativa; usar o *Minecraft* para representar temas, como ética digital ou participar de eventos, como o *Pint of Milk* (versão para jovens do *Pint of Science* - evento de divulgação científica que apresentou uma progressão narrativa ligada tanto a pesquisas com super-heróis quanto à popularização e à democratização da ciência por meio da cultura popular) ou a Semana Nuclear da *American Nuclear Society* (que contou com exemplos de instalações da tecnologia nuclear).

A seguir, expomos uma lista de metaversos que podem ser utilizados em sala de aula.

* *Roblox e Roblox Studio.*
* *Minecraft.*
* *Alt Space VR.*
* *Gather.*
* *Second Life.*

Também elaboramos uma lista de metaversos que podem ser usados em pesquisa, mas requerem um nível de complexidade e requisitos (inclusive com nível de investimento) que vão além do propósito da aula.

* *Crucible Network.*
* *Ex-Populous.*
* *Netvrk.*
* *Meta Spatial.*
* *Sandbox.*
* *Axie Infinity.*
* *Cardalonia.*

4.4 As profissões do futuro e o metaverso

Quando falamos de tecnologia de um modo geral, inevitavelmente pensamos futuro. Logo, dentro das dúvidas e incertezas que manifestamos sobre os impactos que a tecnologia nos trará, uma delas se relaciona às profissões. Frente às inevitáveis mudanças, a palavra-chave é adaptação.

Em relação ao metaverso, há duas vertentes: as novas profissões e as profissões tradicionais que serão remodeladas. Podemos dar alguns exemplos. Na área da medicina, temos os corpos digitais, que permitem simular e testar procedimentos numa réplica digital do corpo; na área da administração pública, Singapura tem a réplica de seu território, uma estrutura digital que permite novas formas de tomar decisões; no Direito, a questão dos direitos autorais e as leis e modalidades de infrações que possam surgir.

No campo das hipóteses, o metaverso poderá ter novas demandas de mão de obra especializada em diversas áreas, como as que listamos a seguir.

- Integração entre dados reais e virtuais - entende-se que um ecossistema necessitará prover as relações entre o real e o virtual. Para isso, há *hardware*s, *software*s e sensores que precisam se comunicar e responder a essas situações.

- Arquitetura do metaverso - projetar no mundo virtual ou em cima da realidade um espaço que visa abrigar as novas demandas. Além da construção, haverá funcionalidades que deverão ser desenvolvidas.

- Bens virtuais ou híbridos com o mundo real - a moda de avatares, customizações de objetos (moda, utensílios de diversas naturezas).

- Mineração de dados para novas conjunturas.

- Produção de eventos (exposições de arte, reuniões, casamentos etc.).

- Desenvolvimento de equipamentos como tecnologias vestíveis (óculos para realidade virtual e realidade aumentada, roupas hápticas) e objetos que integram sensações e projetores.

O importante é salientar que muitos conhecimentos, como programação, modelagem 3D, *design* de interfaces, desenvolvimento de *hardware*s e aplicações, são atividades profissionais que já existem. A ideia aqui não é criar uma "corrida do ouro", mas mostrar que o mundo do devir

APLICAÇÕES PEDAGÓGICAS

se faz com base em disciplinas existentes. Assim, uma forma de situar-se entre o presente e o futuro é trabalhar os conceitos de base, sempre com a devida contextualização atual.

5 REFERÊNCIAS PARA ENTENDER MELHOR O METAVERSO

"Admita. Você já não acredita mais em uma só realidade."
(Dom Cobbi, personagem de Leonardo de Caprio
no filme A origem).

A seguir, fazemos um apanhado geral de diversas referências para que você possa se atualizar.

5.1 Livros

- **Jogador Número 1** – livro de Ernest Cline (2011), adaptado para o cinema por Steven Spielberg, em 2018. A história se passa em 2045, entre o mundo real e virtual (OASIS) e faz diversas referências à cultura popular dos anos 80 e 90.

- ***Snow Crash*** – livro de Neal Stephenson, um romance estilo *cyberpunk*, de ficção científica, que originou o termo metaverso.

- **Sword Art On Line** – mangá de 2009 e anime de 2010, trata de um dispositivo, como um óculos 3D, que permite entrar em um mundo virtual usando todos os sentidos. Porém, na estreia do jogo, um RPG Medieval, os jogadores ficam presos no mundo.

5.2 Séries e filmes

- **Homem de Ferro e Vingadores 2** - ambos os filmes são exemplos de interfaces de programação, em que as interações com o ser humano são orgânicas, baseadas em hologramas e movimentos. No *Homem de Ferro*, as informações da armadura e da inteligência artificial são projetadas no capacete.

- **Jogador número 1** – já exposto em "livros".

- **Matrix** – filme das Irmãs Wachowski, a obra se tornou um marco cinematográfico, mostrando a relação das máquinas controlando a humanidade por simulação.

- **Pixels** - filme de Chris Columbus de 2015. Conta a história de personagens de *videogame* que ganham vida e começam a interagir com a realidade. Exemplo de realidade aumentada.

- **Série *Black Mirror*** – os episódios tratam do tema do metaverso (realidade mista).

- **Série O Futuro (Netflix)** - a série é perfeita para quem deseja saber mais sobre o mundo da tecnologia em conteúdos dinâmicos com linguagem simples.

- ***The Line* (Árvore)** - uma narrativa VR totalmente interativa, *The Line* permite ao usuário desbloquear um mundo encantado. Nesse mundo, eles vivenciam a história de Pedro e Rosa, dois bonecos em miniatura, perfeitos um para o outro, mas relutantes em romper limites para superá-los e viver sua história de amor (https://arvore.io/project/the-line).

5.3 Artigos e matérias

- ***Bitcoin*: conheça a origem da primeira criptomoeda do mundo**. Disponível em: https://www.istoedinheiro.com.br/bitcoin-conheca-a-origem-da-primeira-criptomoeda-do-mundo/.

- **Coluna Inspiração | 25 *cases* de VR na comunicação**. Disponível em: https://acontecendoaqui.com.br/colunas/coluna-inspiracao-25-cases-de-vr-na-comunicacao/.

- **Como o metaverso pode se tornar um estilo de vida**. Disponível em: https://exame.com/bussola/como-o-metaverso-pode-se-tornar-um-estilo-de-vida/.

5.4 Vídeos

- *Education in the metaverse*. Disponível em: https://www.youtube.com/watch?v=KLOcj5qvOio.

- ***Educating in the metaverse: are virtual reality classrooms the future of education?*** Disponível em: https://www.youtube.com/watch?v=pA7IIEODVQ4

- ***Everything Facebook revealed about the Metaverse in 11 minutes***. Disponível em: https://www.youtube.com/watch?v=gElflo6uw4g.

- ***VR In Education & Learning in the Metaverse | Optima Classical Academy | A Guide For Parents***. Disponível em: https://www.youtube.com/watch?v=wRyrxJ4oiFA.

- ***VR School Explained | What Is Optima Classical Academy?*** Disponível em: https://www.youtube.com/watch?v=oaBvkC9y5R4.

CONCLUSÃO: PONTOS PARA REFLEXÃO

"O amanhã pertence àqueles que podem ouvi-lo chegar."
(David Bowie[43]).

Ao final desse livro, gostaríamos de deixar algo para pensar. Assim, elencamos a seguir três pontos que julgamos pertinentes e importantes para reflexão.

O **ponto 1** refere-se ao panorama atual e ao futuro da tecnologia. É factual a velocidade com que as transformações ocorrem, bem como a intensificação do porvir. Há uma série de fatores a observar, questões antigas, não solucionadas, e novas problemáticas. Assim, a educação tem uma demanda constante, precisa entender e, ao mesmo tempo, explicar, dar suporte à compreensão, estar preparada para o que existe e o que virá no futuro.

O futurista Gerhd Leonhard tem uma frase que pode ser usada como guia, não apenas para o metaverso, mas para qualquer campo em que se aplique: "A tecnologia é uma ferramenta, não é o propósito da vida". Parece simples, mas a frase é muito complexa. O enfrentamento dos

---

43   Cantor, compositor, ator.

desafios apontados no presente livro passa por estudo, leitura, debate, pesquisa e curiosidade. Manter-se informado e consciente pode ser uma forma efetiva de posicionar-se frente às questões aqui levantadas.

As mudanças certamente ocorrerão e a complexidade se intensificará. De um lado temos: automação, *tokenização*, algoritmos, dependência e controle, dentre outras coisas; de outro, ética, moral, cidadania, dignidade, espontaneidade e a humanidade em si. Será algum exagero pensarmos que podemos usar a evolução tecnológica como um estímulo e uma solução para as questões humanas?

O **segundo ponto** mostra que estamos caminhando para possibilidades de imersão muito maiores do que já existem: literalmente entrar no ambiente tecnológico. Trata-se, mais do que uma realidade virtual ou uma realidade aumentada, uma hiper-realidade, um ambiente que simula o concreto muito melhor, mais bonito, mais agradável do que os ambientes de verdade. Nesse aspecto, as formas de lidar com a informação e o conhecimento também ganham uma nova interface. Estamos diante de uma nova forma de produção e de divulgação, que precisam se adaptar aos usuários e às suas particularidades cognitivas e de compreensão.

O **ponto 3** é sobre a reconfiguração da realidade, que ganha novos contornos. Nossa percepção do entorno será sujeita a um maior número de informações e situações imersivas. Mas, para quem e para quantas pessoas no mundo? Caminhamos para mais um tipo de exclusão e segregação de ordem tecnológica? Em contrapartida, os novos recursos servem para popularizar conhecimentos até então inacessíveis?

O metaverso nos traz materialidade e uma proposta de metageografia. Como encarar essa condição? Novas habilidades e competências serão necessárias para lidar com a nova realidade, além de possibilidade colaborativas e abertas que permitirão juntar pessoas e conectar ideias.

De fato, isso sempre foi dito sobre as potencialidades da Internet, é um objetivo que sempre esteve em pauta desde a popularização dos computadores pessoais. Acreditamos que esperança e esforço podem guiar as possibilidades e as demandas que venham a surgir. Os desafios aqui levantados (descentralização, privacidade, por exemplo) poderão ser enfrentados com conhecimento e discernimento.

GLOSSÁRIO

> "Se há algum objeto na experiência humana que é um precedente para o que um computador deve ser, é um instrumento musical: um dispositivo onde você pode explorar uma enorme gama de possibilidades através de uma interface que conecta sua mente e seu corpo, permitindo que você seja emocionalmente autêntica e expressiva."
>
> (Jaron Lanier[44]).

Avatar

Para acessar o metaverso é necessário criar um avatar, a exibição dos usuários no mundo digital. O avatar pode representar uma pessoa ou marca e ser representações 3D dos *users*, com a possibilidade de interagir com outros usuários e com o metaverso. É da escolha de cada pessoa se serão parecidos com ela no mundo físico ou se serão personagens fictícios. Em algumas plataformas, os avatares são ícones estáticos, ou seja, são a representação do usuário no metaverso, mas sem interação.

Bitcoin

A primeira criptomoeda do mundo, lançada em 2008.

---

44 Cientista da computação e precursor da realidade virtual

Blockchain

A *blockchain* nasceu com o Bitcoin (BTC) e continua sendo um dos pilares da primeira criptomoeda do mundo. O *blockchain* é um grande banco de dados compartilhado que registra as transações de todos os usuários, como seu fosse um livro contábil. Os dados também são imutáveis, ou seja, se as transferências foram validadas e registradas, são eternas e não podem ser alteradas.

Criptomoeda

Criptomoeda é um tipo de dinheiro – como outras moedas com as quais convivemos cotidianamente – com a diferença de ser totalmente digital. Além disso, ela não é emitida por nenhum governo (como é o caso do real ou do dólar, por exemplo).

Figital

É a fusão das palavras "físico" e "digital". No caso de instituições de ensino, é o conceito de modelo híbrido, em que integramos o físico e o digital para o ensino e a aprendizagem.

Gêmeo Digital

É a réplica de um objeto físico ou um processo, é um modelo virtual. Os gêmeos digitais são usados em simulações para testar produtos, serviços e processos. Desse modo, ajudam as empresas a corrigir falhas e melhorar seus serviços. Na educação, auxiliam as e os estudantes a testarem conceitos aprendidos, como simular o corpo humano para realizar cirurgias virtuais.

IRL ("*in real life*" ou "na vida real")

O IRL é uma gíria tecnológica para abordar sobre o mundo real em contraste com o mundo virtual. Exemplo: "Eu sei que na 'IRL' você não falaria essas coisas" ("Eu sei que 'na vida real' você não falaria essas coisas.").

Metaverso

É um mundo virtual que tenta replicar a realidade, com foco em conexões sociais.

O Metaverso incorpora o mundo virtual ao físico! Poderemos fazer coisas como fazemos na realidade: trabalhar, fazer compras, encontrar amigos, ir à shows e até se casar!

Realidade Virtual (RV)

É uma experiência totalmente imersiva em que o usuário deixa o ambiente do mundo real para trás para entrar em um ambiente 100% digital, por meio de óculos especiais RV.

Realidade Aumentada (RA)

É uma experiência em que objetos virtuais são sobrepostos ao ambiente do mundo real e podem ser vistos e acessados por meio de *smartphone*s, *tablets* ou óculos especiais RA.

Realidade Mista

Está um passo além da realidade aumentada, por permitir interação com holo-gramas 3D em ambientes reais. Assim, proporciona aos usuários uma experiência imersiva que mescla o real e o virtual de forma integrada.

Sistemas Hápticos

A palavra "háptico" é derivada do grego "haptein", que significa "acelerar". Com os sistemas hápticos é possível sentir os objetos no mundo virtual. Os siste-mas hápticos incluem todas as formas de interação com as pontas dos dedos por meio de diversos dispositivos.

Skins

Skin significa "pele" em inglês. No mundo virtual, são roupas e acessórios adquiridos para vestir os avatares dos usuários.

NFT

Os NFTs são *tokens* não fungíveis, isto é, são bens únicos e insubstituíveis, armazenados pela tecnologia *blockchain*. Ao serem adquiridos pelo investidor, tornam-se propriedades exclusivas. Os NFTs são comercializados e utilizados apenas no mundo digital. Exemplos: terrenos, obras de arte, roupas e acessórios para avatares, dentre outros.

Virtualidade Contínua

Em 1994 surge o termo realidade misturada, criado por Paul Milgram e Fumio Kishio. A virtualidade contínua é o que vai desde a completa realidade até a completa virtualidade. É uma escala contínua que varia entre o completamente virtual, uma virtualidade, e o completamente real, a realidade. Abrange todas as variações e composições possíveis de objetos reais e virtuais.

Web 3.0

O termo foi utilizado pela primeira vez em 2014, por Gavin Wood, cofundador da rede de *Blockchain Ethereum*. Trata-se de uma remodelagem da internet, baseada em *blockchain*, *tokenização* e descentralização. Na Web 1.0, a premissa era o compartilhamento de informações; na Web 2.0, o foco foi a importância do conteúdo gerado pelo usuário; a ideia por trás da Web3 é juntar a descentralização, permitida pela *blockchain*, e fortalecer ainda mais o conteúdo desenvolvido pelos usuários.

REFERÊNCIAS BIBLIOGRÁFICAS

AARSETH, E. **Cybertext**: perspectives on ergodic literature. Baltimore: The John Hoplins University Press, 1997.

ALLAN, Luciana. Metaverso na educação: o virtual em contraste com o real. **Exame**, 22 mar. 2022. Disponível em: https://exame.com/colunistas/crescer-em-rede/metaverso-na-educacao-o-virtual-em-contraste-com-o-real/. Acesso em: 19 ago. 2022.

ASIMOV, Isaac. **Trilogia da fundação**. São Paulo: Aleph, 2021.

BARBERIA, Lorena G.; CANTARELLI, Luiz G. R.; SCHMALZ, Pedro Henrique de Santana. Uma avaliação dos programas de educação pública remota dos estados e capitais brasileiros durante a pandemia do COVID-19. **Centro de Aprendizagem em avaliação e resultados para o Brasil e a África Lusófona**, 2020. Disponível em: http://fgvclear.org/site/wp-content/uploads/remote-learning-in-the-covid-19-pandemic-v-1-0-portuguese-diagramado-1.pdf. Acesso em: 19 ago. 2022.

BAUM, L. Frank. **A chave mestra**. Recife: Novo Aeon, 2015.

BAUM, L. Frank. **O mágico de Oz**. São Paulo: Darkside, 2020.

BRASIL. Lei nº 14.172, DE 10 de junho de 2021. Dispõe sobre a garantia de acesso à internet, com fins educacionais, a alunos e a professores da educação básica pública). Disponível em: https://www.in.gov.br/en/web/dou/-/lei-n-14.172-de-10-de-junho-de-2021-325242900. Acesso em: 19 ago. 2022.

DAWKINS, Richard. **O gene egoísta**. Tradução: Rejane Rubino. São Paulo: Companhia das Letras, 2007.

DUBIELA, R; BATTAIOLA, A. A importância das Narrativas em jogos de Computador. In: **VI Simpósio brasileiro de jogos e entretenimento digital**. São Leopoldo: Proceedings of SBGames, 2007.

ENTREVISTA Philip Rosedale. **Usa Today**, 2007. Disponível em: https://usatoday30.usatoday.com/printedition/money/20070205/secondlife_cover.art.htm. Acesso em: 15 ago. 2022.

FACEBOOK. Disponível em: https://olhardigital.com.br/2021/10/28/videos/facebook-agora-e-meta-mark-zuckerberg-anuncia-novo-nome-da-empresa/. Acesso em: 16 ago. 2022.

FARIA, Roberta; PIPPONZI, Rodrigo. A geração que vai mudar o mundo. **Mercado e consumo**, 20 abr. 2022. Disponível em: https://mercadoeconsumo.com.br/2022/04/20/a-geracao-que-vai-mudar-o-mundo/. Acesso em: 19 ago. 2022.

GARTNER Hype Cycle. Disponível em: https://www.gartner.com/en/research/methodologies/gartner-hype-cycle. Acesso em: 16 ago. 2022.

GEEK. Tech. How To Enter And Access Metaverse? **Cashify**, 15 mar. 2022. Disponível em: https://www.cashify.in/how-to-enter-and-access-metaverse. Acesso em: 19 ago. 2022

GENERAL hype cycle for technology. Disponível em: https://en.wikipedia.org/wiki/Gartner_hype_cycle#/media/File:Hype-Cycle-General.png. Acesso em: 16 ago. 2022.

KAUFMAN, Dora. Fortnite é rede social e futuro metaverso: sofistica-se a disputa pela atenção do usuário. **Revista Época**, 29 out. 2021. Disponível em: https://epocanegocios.globo.com/colunas/IAgora/noticia/2021/10/fortnite-e-rede-social-e-futuro-metaverso-sofistica-se-disputa-pela-atencao-do-usuario.html. Acesso em: 19 ago. 2022.

LG Global. LG OLED TV: your dream we display. YouTube, 2016. Disponível em: https://www.youtube.com/watch?v=VenG8TF9OyA. Acesso em: 16 ago. 2022.

LOGAN'S RUN. Direção de Michael Anderson. EUA: Metro-Goldwyn-Mayer, 1976 (120 min.).

LORENZANA, Pablo. Why Are Virtual Influencers So Popular in Brazil? Brazil's Impact, Explained. **Virtual Humans**,30 ago. 2021. Disponível em: https://www.virtualhumans.org/article/why-are-virtual-influencers-so-popular-in-brazil. Acesso em: 19 ago. 2022.

MEDROOM Disponível em: https://www.medroom.com.br/demo-port. Acesso em: 19 ago. 2022.

METAVERSE. *In*: **Dictionary.com**. Disponível em: https://www.dictionary.com/browse/metaverse. Acesso em: 15 ago. 2022.

METAVERSE. *In*: **Wiki**. Disponível em: https://yugioh.fandom.com/wiki/Metaverse. Acesso em: 15 ago. 2022.

MILGRAM, P. *et al*. Augmented reality: a class of displays on the reality-virtuality continuum. **Proc. SPIE** no 2351, 282–292. 1994

MORGAN, J. P. Oportunities in Metaverse. **Onyx**, 2022. Disponível em: https://www.jpmorgan.com/content/dam/jpm/treasury-services/documents/opportunities-in-the-metaverse.pdf. Acesso em: 17 ag. 2022.

OCDE. **OECD Future of Education and Skills 2030**: OECD Learning Compass 2030 - A Series of Concept Notes. Paris: OECD Publishing, 2019. Disponível em: https://www.oecd.org/education/2030-project/teaching-and-learning/learning/learning-compass-2030/OECD_Learning_Compass_2030_Concept_Note_Series.pdf. Acesso em: 19 ago. 2022.

O EXTERMINADOR DO FUTURO. Direção de James Cameron. EUA: Orion Pictures, 1985 (107 min.).

ORBELO, 2022. How many people use internet. Disponível em: https://www.oberlo.com/statistics/how-many-people-use-internet. Acesso em: 17 ago. 2022.

PACETE, Luiz Gustavo. Entenda o que é Web3 e tudo o que é preciso saber sobre o conceito. **Forbes**, 18 jan. 2022. Disponível em: https://forbes.com.br/forbes-tech/2022/01/entenda-o-que-e-web3-e-tudo-o-que-precisa-saber-sobre-a-tendencia/. Acesso em: 19 ago. 2022.

QUEIROZ, Otávio. Os 8 melhores óculos de realidade virtual (VR) e aumentada (AR). **Showmetech**, 21 jul. 2022. Disponível em: https://www.showmetech.com.br/melhores-oculos-de-realidade-virtual-e-aumentada/. Acesso em: 19 ago. 2022.

RAABE, André L. A.; BRACKMANN, Christian P.; CAMPOS, Flávio R. **Currículo de referência em tecnologia e computação:** da educação infantil ao ensino fundamental. São Paulo: CIEB, 2018. *E-book.*

ROBOCOP. Direção de Paul Verhoeven. EUA: Metro-Goldwyn-Mayer, 1987 (103 min.).

RODRIGUES, Alex. Em 2021, 82% dos domicílios brasileiros tinham acesso à internet. **Agência Brasil**, 2022. Disponível em: https://agenciabrasil.ebc.com.br/geral/noticia/2022-06/em-2021-82-dos-domicilios-brasileiros-tinham-acesso-internet. Acesso em: 19 ago. 2022.

SOCIAL media statics details. **Undiscovery Maine**, september, 2021.

SORRENTINO, Eduardo. Facebook agora é Meta: Mark Zuckerberg anuncia novo nome da empresa. **Olhar Digital**, 28 out. 2021. Disponível em: https://olhardigital.com.br/2021/10/28/videos/facebook-agora-e-meta-mark-zuckerberg-anuncia-novo-nome-da-empresa/. Acesso em: 16 ago. 2022.

STEPHENSON, Neal. **Snow Crash**. São Paulo: Aleph, 2015.

TIC Domicílios, 2021. São Paulo: Cetic, 2021. Disponível em: https://cetic.br/media/analises/tic_domicilios_2021_coletiva_imprensa.pdf. Acesso em: 19 ago. 2022.

TWITTER. Disponível em: https://twitter.com/radfahrer/status/1496525416080814081?s=20&t=QG-SyeaHI9oFjUdu8wk4DA. Acesso em: 16 ago. 2022.

USER EXPERIENCE. *In*: **Cambridge Dictionary**. Disponível em: https://dictionary.cambridge.org/pt/dicionario/ingles-portugues/user-experience?q=UX. Acesso em: 16 ago. 2022.

WEB 2.0 vs Web 3.0. **Affinidi**, 29 jul. 2021. Disponível em: https://academy.affinidi.com/web-2-0-vs-web-3-0-a-bridge-between-the-past-and-the-future-c99668c1e2f0. Acesso em: 17 ago. 2022.

WEISLER, Charlene. Understanding Gen Z and Millennials with ViacomCBS' Wired for Mobile Study. **Paramount**, 29 jul. 2021. Disponível em: https://www.mediavillage.com/article/understanding-gen-z-and-millennials-with-viacomcbs-wired-for-mobile-study/. Acesso em: 19 ago. 2022.

ZAGAL. J. P.A framework for games literacy and understanding games. In: **Proceeding New York**: 2008. Disponível em: http://dl.acm.org/citation.cfm?id=1496991. Acesso em: 19 ago. 2022.

Central de Atendimento
E-mail: atendimento@editoradobrasil.com.br
Telefone: 0300 770 1055

Redes Sociais
facebook.com/editoradobrasil
youtube.com/editoradobrasil
instagram.com/editoradobrasil_oficial
twitter.com/editoradobrasil

Acompanhe também o Podcast Arco43!

Acesse em:

www.editoradobrasil.podbean.com

ou buscando por Arco43 no seu agregador ou player de áudio

 Spotify  Google Podcasts  Apple Podcasts

www.editoradobrasil.com.br